Hans-Eberhard Zahn

Haftbedingungen und Geständnis-produktion in den Untersuchungs-haftanstalten des MfS

Berlin 1999

2. Auflage

Schriftenreihe des Berliner Landesbeauftragten für die Unterlagen des Staatssicherheitsdienstes der ehemaligen DDR

Band 5

2., durchgesehene Auflage

ISBN 3-934085-01-6

Der Berliner Landesbeauftragte für die Unterlagen des Staatssicherheitsdienstes der ehemaligen DDR, Scharrenstr. 17, 10178 Berlin

Inhaltsverzeichnis:

Vorwort

Seit 1990 sind mehr als 140.000 Opfer der politischen Strafjustiz der SED von den Gerichten des vereinten Deutschlands rehabilitiert worden - eine große Leistung, die Dank verdient.
Die Zahl der Rehabilitierungsversagungen ist vergleichsweise gering. Mag auch in der Mehrzahl der Fälle, in denen Rehabilitierungen aus rechtlichen Gründen verweigert wurden, dies begründet sein und jeder Prüfung standhalten, z.B. bei Verurteilungen durch die DDR-Justiz wegen der Beteiligung an NS-Verbrechen, so gibt es doch typische Fallgruppen bei der Verweigerung von Rehabilitierungen, die auf Unkenntnis der Praktiken im Bereich politischer Justiz im SED-Staat beruhen. Aber selbst bei Verurteilungen wegen NS-Verbrechen bedarf es in jedem Falle einer äußerst sorgfältigen Überprüfung der Verfahren und Vorwürfe, denn auch in diesem Bereich schreckte die DDR-Justiz nicht vor Deliktfälschungen und Geständniserpressungen zurück. [1]
Zu den typischen Fallgruppen bei der Verweigerung von Rehabilitierungen zählen jene, in denen von der DDR-Justiz Verurteilte einst gegenüber den Vernehmern des MfS bzw. in der Gerichtsverhandlung Geständnisse abgelegt, d.h. sich selbst schwerer Straftaten beschuldigt haben, die auch nach heutigem Rehabilitierungsrecht nicht rehabilitierungsfähig sind. Zu nennen sind etwa der “ungesetzliche Waffenbesitz”, Sprengstoffanschläge oder vorsätzliche Tötungsdelikte.
Die Rehabilitierungsgerichte stehen seit 1990/91 in solchen Fällen vor der Entscheidung, ob sie den schriftlichen Urteilstexten der DDR-Justiz mit den entsprechenden Sachverhaltsschilderungen und protokollierten Geständnissen der Verurteilten Glauben schenken sollen oder den Einlassungen der Antragsteller, die gegenüber dem erkennenden Rehabilitierungsgericht erklären, daß die Tatvorwürfe im Ursprungsurteil ge- oder verfälscht seien. Bestenfalls können zur Entscheidungsfindung noch MfS-Unterlagen (Vernehmungsprotokolle, Maßnahmepläne etc.) herangezogen werden. Aber auch hier lassen sich schriftliche Geständnisse, zum Teil vom Häftling per Hand geschrieben und Seite für Seite mit der

[1] Vgl. Insa Eschebach: NS-Prozesse in der SBZ und der DDR - Einige Überlegungen zu den Strafverfahrensakten ehemaliger SS-Aufseherinnen des Frauenkonzentrationslagers Ravensbrück, in: Beiträge zur Geschichte der nationalsozialistischen Verfolgung in Norddeutschland, H. 3/1996

eigenen Unterschrift versehen, finden. Allerdings sagen diese Seiten noch nichts darüber aus, wie solche schriftlichen Geständnisse zustande gekommen sind.
Wir kennen aus der Literatur zur stalinistischen Justiz mit ihren Schauprozessen die absurdesten Selbstbeschuldigungen und Geständnisse; wir finden aber auch in den Akten der SED-Justiz und des die Prozesse vorbereitenden MfS absurde schriftliche Geständnisse, deren Wahrheitsgehalt gegen Null geht. Zum Beispiel, wenn KZ-Aufseherinnen aus Ravensbrück gestehen, 1943 Kinder und Frauen in die Gaskammern dieses Konzentrationslagers getrieben zu haben, während gesicherter Stand der Forschung ist, daß erst ab Januar 1945 in Ravensbrück Gaskammern installiert wurden.
Bereits dieses Beispiel zeigt, wie zwingend es für Richter an Rehabilitierungskammern ist, sich mit deutscher Geschichte zu befassen, wollen sie sachgerechte Entscheidungen fällen - und sei es, indem sie zeitgeschichtliche Gutachter zur Klärung offener Fragen heranziehen.
Sachkundige Kenner der MfS-Akten werden im Regelfall auch in der Lage sein, in MfS-Maßnahmeplänen und Vernehmungsprotokollen Indizien zu finden, die aussagekräftig sein können zur Frage, ob die schließlichen Eingeständnisse, dieses und jenes Verbrechen begangen zu haben, unter massivem Druck von den Vernehmern produziert worden sind, d.h., ob Häftlinge mit physischer und psychischer Gewalt dazu gebracht worden sind, gegen sich selbst Beschuldigungen zu erheben, die dem tatsächlichen Sachverhalt und Ereignissen widersprechen.
In Rehabilitierungsverfahren kaum noch strittig ist die Tatsache, daß das MfS in den 50er Jahren, insbesondere in der Zeit bis zum kurzen "Tauwetter" des Jahres 1956, auch mit massivem physischem Druck, mit Prügel und Todesdrohungen, vorgegangen ist, um Geständnisse zu erpressen. Doch in dem Maße, in dem das MfS im Regelfall nur noch auf der Klaviatur psychischen Drucks spielte, um Aussagen zu erpressen, tun sich manche Rehabilitierungsgerichte schwer, wenn heute Antragsteller im Rehabilitierungsverfahren erklären, unter Druck wahrheitswidrige Aussagen gemacht zu haben.
Hier steht das Wort des Antragstellers gegen das Urteil und MfS-Unterlagen. Dabei ist daran zu erinnern, daß selbst in den finstersten 50er Jahren nicht Prügel das herausragende Instrument waren, um falsche Geständnisse zu erlangen, sondern eine ganze Skala psychologischer

Methoden, wie Hans-Eberhard Zahn, selbst Häftling in dieser Zeit, in seinem einleitenden Beitrag deutlich macht.
Zur Perfektionierung des psychologischen Drucks in Vernehmungssituationen forschten die “Gelehrten” einer ganz speziellen Hochschule - jene vom MfS betriebene “Juristische Hochschule” in Potsdam-Eiche. Hier erhielten MfS-Vernehmer ihren Schliff, um auf elegantere Weise als mit der groben Faust Verhaftete dazu zu bringen, sich selbst zu belasten. Die psychologischen Grundmuster gehen indessen, wie der Beitrag von Zahn und die Häftlingsberichte ausweisen, auf die 50er Jahre zurück.
Wir, und damit auch jene Juristen, die als Richter oder Staatsanwälte sich mit Rehabilitierungsfällen zu befassen haben, müssen also davon ausgehen, daß auch noch in den 70er und 80er Jahren gerade in den vom MfS vorbereiteten politischen Strafverfahren mit Aussageerpressungen operiert wurde, den Sachverhaltsschilderungen in den Urteilen der DDR-Justiz einschließlich schriftlicher Geständnisse in den MfS-Unterlagen mit großer Skepsis zu begegnen ist.

Hans-Eberhard Zahns Vortrag, eine Kombination aus Analyse und persönlichem Erfahrungsbericht, wird durch einen Anhang ergänzt, der zahlreiche Schilderungen über Haftbedingungen und Vernehmungssituationen anderer politischer Häftlinge insbesondere aus den 70er und 80er Jahren enthält. Die Berichte stützen Hans-Eberhard Zahns These, daß die Methoden, mit denen das MfS Häftlinge für das abschließende gerichtliche Verfahren “präparierte”, zwar seit den 50er Jahren verfeinert wurden, sich im Prinzip aber nicht verändert haben.

Das Bundesverfassungsgericht hat dies zutreffend in einer Entscheidung aus dem Jahre 1995 erkannt. Anlaß dieses BVG-Beschlusses war die zweitinstanzliche Verweigerung einer Rehabilitierung. Zur Frage des Beweiswertes von Sachverhaltsfeststellungen in Urteilen der politischen Justiz der DDR formulierte das BVG den Standpunkt:

"Denn Justizunrecht in der DDR läßt sich regelmäßig nicht ohne weiteres den Entscheidungssätzen und -begründungen der DDR-Gerichte entnehmen. Weichenstellungen für erwünschte Verurteilungen wurden mitunter bereits bei der Sachverhaltsermittlung getroffen, indem etwa Geständnisse nicht nach rechtsstaatlich vertretbaren Mitteln herbeigeführt wurden."[2]

Der Fall selbst, um den es in dieser Entscheidung ging, betraf Vernehmungen und eine Verurteilung in der 1. Hälfte der 70er Jahre.

Schließlich ist darauf hinzuweisen, daß die ab 1991 gebildeten Schwerpunktstaatsanwaltschaften in Berlin und den neuen Ländern im Rahmen ihrer Ermittlungen zur DDR-Regierungskriminalität auch den Vorwürfen der Aussageerpressung durch MfS-Vernehmer nachgehen und entsprechende Ermittlungsverfahren bearbeiten.

Wenn dieser Band dazu beiträgt, in schwierigen Rehabilitierungsverfahren, in denen die Glaubwürdigkeit schriftlicher Unterlagen des MfS und der SED-Justiz abgewogen werden muß gegen die Glaubwürdigkeit von abweichenden Schilderungen der Antragsteller, zu sachgerechten Entscheidungen zu kommen, hätte er seinen Zweck erfüllt.

Falco Werkentin

2 Beschluß vom 3. Mai 1995 - 2 BvR 1023/94 - Rehabilitierungsverfahren nach einer Verurteilung durch ein DDR-Gericht; in: Neue Justiz, 1995, H. 8, S. 418ff.

Haftbedingungen und Geständnisproduktion in den Untersuchungs-Haftanstalten des MfS - Psychologische Aspekte und biographische Veranschaulichung[1]

Psychologische Aspekte

Rationale Distanz und emotionale Betroffenheit

Mit diesem Referat trete ich Ihnen in zwei Rollen gegenüber: Die eine ist die des Betroffenen, dem der totalitäre Staat sieben seiner besten Lebensjahre genommen hat, der - von seinen Emotionen überwältigt - auch noch nach langer Zeit diesen Jahren nachtrauert und Wut und Erbitterung laut hinausschreien möchte.

In der anderen Rolle finde ich mich als Wissenschaftler, der systematisch gewonnene Erfahrungen - eigene und fremde - zu gültigen Aussagen zu verdichten sucht, der also - von der Ratio geprägt - auch zu sich selbst eine so große Distanz einzunehmen vermag, daß er seinen Fall als Paradigma, als Realisation eines übergreifenden Systems begreift.

Ich gestehe Ihnen: Auch bei der Vorbereitung dieses Vortrages lagen in mir Emotionalität und Rationalität miteinander im Streit. Entschieden habe ich mich für eine Art Synthese. Ich will versuchen, die rationalen Ausführungen des Wissenschaftlers mit den eher emotional gefärbten Schilderungen eigener Erlebnisse anschaulich zu machen.

Erwarten Sie daher bitte nicht einen der üblichen - verständlicherweise im eigenen Ich zentrierten - Haftberichte, sondern machen Sie sich zunächst auf eine Darstellung jener gut erforschten psychologischen Sachverhalte gefaßt, die für unser Thema relevant sind.

[1] Vortrag am 11. September 1996.

"Wissenschaftliche" Vernehmungsrichtlinien

Es fällt auf, daß fast alle Zeitzeugen-Berichte über Haftbedingungen und Vernehmungen bei der Staatssicherheit in den wichtigsten Einzelheiten übereinstimmen. Das läßt auf allgemeine Richtlinien schließen, die entweder vom "großen Bruder" Sowjetunion übernommen oder aber auch erst in der DDR erarbeitet sein mögen. Auf der Suche nach solchen DDR-internen Vernehmungsrichtlinien bin ich auf zwei geheime sogenannte Dissertationen der "Juristischen Hochschule" des Ministeriums für Staatssicherheit der DDR in Potsdam Eiche gestoßen.

Diese Institution, von deren Existenz nur wenige DDR-Bürger wußten, besaß das Promotions- wie auch das Habilitationsrecht. Solches Recht wurde von ihr - unter Mißachtung aller weltweit gültigen wissenschaftlichen Standards - sehr eigenwillig wahrgenommen.

Die Titel der beiden "Dissertationen" weckten in mir hohe Erwartungen. Sie heißen:

> "Zur Herbeiführung der Aussagebereitschaft von Beschuldigten durch Untersuchungsführer des MfS. Untersucht an Ermittlungsverfahren gegen DDR-Bürger, die der Spionagetätigkeit beschuldigt wurden"[2]

und

> "Die weitere Vervollkommnung der Vernehmungstaktik bei der Vernehmung von Beschuldigten und bei Verdächtigenbefragungen in der Untersuchungsarbeit des MfS."[3]

Ich hoffte ja doch, in ihnen Aufschlüsse über die Grundlagen jener besonderen Vernehmungstaktik zu finden, die man zum Beispiel auf

[2] Kopf (MfS-Major) u. Seifert (MfS-Major), Juristische Hochschule des MfS, Potsdam 1970, MfS 160 JHS 178/70, BStU-Signatur: MfS JHS 21803 .

[3] Zank, Horst (MfS-Oberst); Donner, Ernst (MfS-Oberstleutnant); Lorenz, Werner (MfS-Oberstleutnant); Rauch, Manfred (MfS-Oberleutnant), Juristische Hochschule des MfS, Potsdam 1986, MfS JHS 234/86, BStU-Signatur: MfS JHS 21986.

mich, wenn auch von heute aus gesehen in grauer Vorzeit, angewendet hatte.

Um es gleich zu sagen: Ich habe nichts, fast nichts, gefunden. In diesen dickleibigen Wälzern liest man Ähnliches wie diese Tiraden, die man etwa aus vierseitigen Honecker-Reden im 'Neuen Deutschland' kennt. Ich habe mich überwunden, mich durch solche Bleiwüsten regelrecht hindurchzukämpfen. Dabei begegnete ich furchtbar vielen Phrasen, Leerformeln, sehr ausgeprägtem Partei-Chinesisch - aber relativ wenig Substanz.

Immerhin konnte ich aus dem Wust herauslesen, mit welchem Selbstverständnis die Angehörigen des MfS vorgegangen sind:

> Der Untersuchungsführer handelt in Übereinstimmung mit den historischen Gesetzmäßigkeiten und der Grundrichtung des gesellschaftlichen Fortschritts.
> Er kämpft in der Front der Kräfte, denen **gesetzmäßig die Zukunft gehört**, deren politische, ökonomische und militärische Macht kontinuierlich wächst, und die in zunehmendem Maße die Entwicklung in der Welt bestimmen. Der Untersuchungsführer handelt objektiv als Vertreter der **Interessen der überwiegenden Mehrheit der Bevölkerung** der Deutschen Demokratischen Republik. Seine Tätigkeit findet deren Anerkennung und Unterstützung. Es sind alle Voraussetzungen für die volle Übereinstimmung der gesellschaftlichen mit den persönlichen Interessen des Untersuchungsführers gegeben. Das alles verleiht dem Untersuchungsführer eine feste politisch-moralische Position in der Auseinandersetzung mit dem Beschuldigten, die dessen Position **grundsätzlich objektiv überlegen ist**.[4]

Ich muß das nicht besonders kommentieren. Es fällt wohl jedem die Arroganz auf, die daraus spricht, daß man sich als Vollstrecker, als Vollzieher der geschichtlichen Gesetzlichkeit ansieht und sich dementsprechend auch dem Häftling haushoch überlegen fühlt. So liest man denn auch, daß man sich dabei keinerlei Hemmnisse aufzuerlegen braucht.

[4] Kopf u. Seifert, S. 10.

> "Die Untersuchungspraxis beweist, daß es unter sozialistischen Verhältnissen **keinerlei systemimmanente Hemmnisse** bei der Aufklärung, dem Beweis und der Bekämpfung feindlicher Tätigkeit gibt, sondern die wissenschaftliche Leitung der gesellschaftlichen Entwicklung durch die Partei der Arbeiterklasse und die sozialistische Staatsmacht für die Untersuchung staatsfeindlicher Angriffe immer günstigere Voraussetzungen entstehen läßt."[5] (Hervorhebungen HEZ)

Man ist im Besitz der historischen Wahrheit und weiß sich einig mit den Klasseninteressen der Mehrheit der Werktätigen. Also kann man sich, im Rahmen sozialistischer Gesetzlichkeit, was das auch immer sein mag, eigentlich alles leisten. Und so ist es denn ja auch geschehen. Diese arrogante Selbstsicherheit wurde den zum Teil auch jungen "Untersuchungsführern" schon in der Ausbildung systematisch suggeriert. Dadurch fühlten sie sich legitimiert, ihre Überlegenheit dem Häftling - dem Beschuldigten, heißt das euphemistisch - gegenüber hemmungslos auszuspielen. Dies werde ich Ihnen noch an meinem eigenen Beispiel illustrieren.

Damit Sie sich aber auch vom Niveau dieser "wissenschaftlichen" Arbeit einen Begriff machen können, sollten Sie sich jetzt noch einige Zitate auf der Zunge zergehen lassen:

> "Unter diesem Gesichtspunkt ist zum Beispiel der **Vorhalt** eines Beweisgegenstandes **wirksamer**, als die bloße **Behauptung** des Untersuchungsführers, diese Beweismittel zu besitzen."[6]

> "Durch die Frage, **wann** er Verbindung zum Geheimdienst aufgenommen hat, wird (der Beschuldigte) aufgefordert, ein bestimmtes, die Verbindungsaufnahme zum Geheimdienst charakterisierendes Merkmal, nämlich den **Zeitpunkt** dieses Ereignisses, näher zu beschreiben."[7]

[5] Ebd., S. 11.
[6] Ebd., S. 216.
[7] Ebd., S. 225.

"Die wahrheitsgemäße und vollständige Antwort ist also immer die geforderte Verhaltensalternative. Jedes andere Verhalten widerspricht dem **Befolgungsanspruch** und ist mit den damit verbundenen **Konsequenzen** belastet."[8]
"Je weitreichender und gefährlicher dem Beschuldigten diese **Konsequenzen** erscheinen, umso stärker ist die sanktionsandrohende Wirkung der Forderung."[9]

Wer hätte das wohl gedacht? Einmal abgesehen von jenen "Konsequenzen", die hier tunlichst nicht näher beschrieben werden.
Von derartigen Trivialitäten wimmelt nicht nur diese Arbeit. Die anderen bislang registrierten 174 "Dissertationen" sind - mit ganz wenigen Ausnahmen - von ähnlicher Qualität.[10]

Vielleicht dürfte Ihnen dies bereits als kleine Kostprobe von solchen "wissenschaftlichen" Arbeiten genügen. Es handelt sich hier ersichtlich nicht um eine theoretische Fundierung, sondern lediglich um eine politische Pflichtübung, eine Handlungsanweisung in höchst abstrakter Form, aus der sich kaum Handlungskonsequenzen ziehen lassen.

Wenden wir uns also weg von diesen Elaboraten und überlegen uns: Wie müßte ein psychologisch ausgebildeter Vernehmer handeln, damit er mit möglichst geringem Aufwand einen möglichst großen Ertrag erzielen kann? Ertrag ist für den Vernehmer als höchstes Gut die "Aussagebereitschaft" des Häftlings. Dieser Begriff kommt in den "Dissertationen" einige tausend Male vor.

[8] Ebd., S. 218.
[9] Ebd., S. 219.
[10] Es sei vermerkt, daß die Verfasser nach wie vor gemäß Einigungsvertrag den Titel "Dr. iur." führen dürfen, ein entsprechendes Sozialprestige genießen und auf dieser Grundlage teilweise sogar den Rechtsanwaltberuf ausüben.

Aussagebereitschaft in Extremsituationen

Maximal "aussagebereit" pflegen Menschen in Extremsituationen zu sein. Das wußte spätestens schon die Inquisition, als sie Hexen auf die Folter spannte. Wenn nun aber körperliche Folter verpönt ist, weil die DDR ja ein "normaler", gar humaner Staat sein wollte und weil sie sich unter Beobachtung des Westens wußte: Welche Methoden stehen dann noch zur Verfügung, um einen Menschen in Extremsituationen zu bringen?

Dazu gehört natürlich zunächst einmal, daß man ihn einsperrt. Das aber ist nur eine Komponente der angestrebten Extremsituation. Im Arsenal der Psychologie stehen da noch einige andere Methoden bereit.

In der Allgemeinen Psychologie untersucht man, unter welchen Bedingungen ein bestimmtes Verhalten zustande kommt, und auch, welche Bedingungen man herbeiführen muß, um ein bestimmtes Verhalten zu erzeugen. Bei dem hier angestrebten Verhalten geht es ja allein um die Aussagebereitschaft.

Aus der Tagesliteratur kennen wir den ziemlich irreführenden Begriff "Gehirnwäsche". Durch das Buch "1984" von George Orwell ist dieser Begriff sehr popularisiert worden. An anderer Stelle spricht man auch vom "Mentizid", zu deutsch "Geistesmord", wobei ich diesen Ausdruck allerdings für etwas überzogen halte.

Gleichwohl sagt man damit auf spektakuläre Weise, daß es offenbar möglich ist, Menschen auch ohne physische Folter zu etwas zu zwingen, was sie eigentlich nicht wollen. Dabei sollte gleich klargestellt werden, daß es sich dabei nicht um eine "Wäsche", auch nicht um einen "Mord" handelt. Solche Worte machen sich zwar gut in der Boulevardpresse, sind jedoch als wissenschaftliche Begriffe unbrauchbar. Eher sollte man von einer Umprogrammierung vorgefertigter Verhaltensabläufe sprechen.

Um das zu veranschaulichen, wollen wir uns einmal zwei kontrastierende Beispiele vor Augen führen. Denken Sie zunächst an das Jahr 1944, als der mit Schaum vor dem Mund redende Roland Freisler im Volksgerichtshof den General von Witzleben vernahm. Es gibt davon sehr eindrucksvolle von der Chronos-GmbH verbreitete Filme. Dort spreizt sich ein kreischender, mit allen Insignien der Macht versehener Freisler - und ihm gegenüber steht ein alter, körperlich gebrochener Mann, mit rutschender Hose, weil man ihm den Gürtel abgenommen hat, mit Leidensspuren auf seinem Gesicht. Und dieser Mann wahrt, obwohl er als Hitler-Attentäter dem sicheren Tod entgegensieht, seine Würde. Er steht zu seinen Taten.

Das zweite Beispiel: Moskau 1938, Schauprozeß gegen die sogenannte Industriepartei, gegen den "Block der Rechten und Trotzkisten". Krylenko, Wyschinskij sind die Ankläger. Acht Angeklagte sitzen da, adrett gekleidet, mit Krawatte, sehen gar nicht so sehr "sozialistisch" aus. Sie überbieten sich in absurden Selbstanklagen, sachlich, kühl, wohlformuliert. Stundenlang. Ihnen gegenüber steht der Staatsanwalt Wyschinskij, dessen Anklagerede beispielsweise mit Ausdrücken wie: "Verfluchte Mischung von Fuchs und Schwein", "Das sind Pygmäen, Möpse und Kläffer", "Übelriechender Haufen menschlichen Abschaums" gewürzt ist - nachzulesen in einem Buch, das in deutscher Übersetzung in der DDR Verbreitung fand.[11]

Freisler und Wyschinskij. Jeder konnte sich also schon immer aus diesen öffentlich zugänglichen Quellen darüber informieren, was dies für eine Art von Recht ist, das Nazi-Recht und das kommunistische Recht, eben das "Recht" totalitärer Staaten.

Was aber ist denn da nun vorher geschehen mit diesen vor einem totalitären Gericht Angeklagten? Ist der eine, der Herr von Witzleben, ein Held und sind die anderen einfach nur Waschlappen? Hat man den einen einer leichteren und die anderen einer schwereren Folter unterzogen? Hat man vielleicht Herrn von Witzleben nüchtern gelassen und die Industriepartei mit Drogen behandelt? Oder: waren die Nazis Dilettanten und die Kommunisten Profis, wenn sie doch eine solche gute "Aussagebereitschaft" zustande gebracht haben? Denn auch diese Industriepartei-Leute wußten, daß sie anschließend hingerichtet würden, was dann ja auch den meisten von ihnen widerfahren ist.

[11] Wyschinskij, Andrej, Gerichtsreden, Berlin-Ost 1951.

Zur Erklärung des Phänomens, daß man Menschen zu derartigen Selbstbezichtigungen bringen kann, kann ein Rückgriff in das nüchterne Reich der psychologischen Wissenschaft nützlich sein. Ich möchte Ihnen hier einige theoretische Begriffe und Befunde nahebringen, die durchweg in Alltagsbeobachtungen verwurzelt sind. Man kann sich ihrer bedienen, wenn man als "Untersuchungsführer" den Kampf mit dem "Beschuldigten" um dessen "Aussagebereitschaft" führt. Meine Darstellung wird Ihnen zwar zunächst etwas abstrakt vorkommen, aber ich verspreche Ihnen, daß es noch sehr konkret wird, denn am Ende möchte ich diese Vorgänge an meinem eigenen Fall veranschaulichen. Und Sie werden am Ende auch so etwas wie ein "Geständnis" zu sehen bekommen.

Schon in der Haft habe ich diesen Versuch einer systematischen Anwendung psychologischer Befunde auf die Praktiken der Vernehmung unternommen. Nur dadurch war es mir möglich, auf Distanz zu mir selbst zu gehen, nicht das gequälte, hilflose Wesen zu sein, sondern innerlich so etwas wie Arroganz gegenüber meinen Folterern zu kultivieren. Und das hat mir ungeheuer viel geholfen.

Allgemeinpsychologische Konzepte und Befunde

Ich will Ihnen nun - gewissermaßen im Überflug - zunächst eine Liste solcher theoretischen Ansätze vorlegen. Sodann will ich sie Ihnen einzeln erläutern und schließlich konkret auf das Haft- und Vernehmungsgeschehen, nämlich auf meinen eigenen Fall, anwenden.

1. **Deprivation,** vielleicht am besten als "Entzug" gekennzeichnet,
   sensorische Deprivation[12];
   soziale Deprivation[13];
   emotionale Deprivation;
   kommunikative Deprivation.

[12] Heron, W.; Doane, W.K.; Scott, T.H.: Visual disturbances after prolonged perseptual isolation. Canad. I. Psychol. 10, 1956.

[13] Bowlby, I.: Social Deprivation, New York 1951.

2. **Anpassungsniveau**, in der anglo-amerikanischen Literatur als "adaptation level" bekannt: bezugssystemabhängige Relativität der Reizwirkung und damit verbundene Auswirkung von Kontrasten in der Wahrnehmung, bei emotionalen Vorgängen, im weitesten Sinne auch bei der kognitiven Verarbeitung des Geschehens.[14]

3. **Lohn und Strafe** in ihrer Auswirkung auf das Verhalten[15]. Eng damit verwandt die Funktion von **Hoffnung und Furcht**[16], als Vorwegnahme von Lohn und Strafe.

4. **Frustration** als (nach gängiger Lehrmeinung) Entstehungsbedingung für Regression und Aggression.[17]

5. **Reduktion kognitiver Dissonanz** als Entlastungsfunktion.[18]

(Die hier angegebenen Literaturstellen sind nur als willkürlich gewählte Beispiele zu werten. Zu jedem Begriff existiert eine immense Menge von Monographien und Einzelbeiträgen, die in größeren psychologischen Fachbibliotheken zugänglich sind.)

Wir haben es hier - darauf möchte ich ausdrücklich hinweisen - ausschließlich mit Faktoren zur Gestaltung der aktuellen Situation, also der gegenwärtigen Umwelt des Menschen zu tun. Der aber ist, wie wir alle wissen, natürlich nicht nur durch solche situativen Bedingungen geprägt. Es gibt ja doch starke individuelle Unterschiede in den inneren Bedingungen, die gewissermaßen diese Umweltbedingungen überlagern. So kann sich denn etwa der eine Mensch im Widerstand gegen Streßsituationen weitgehend behaupten, während ein anderer dieser Belastung eher unterliegt.

[14] Helson, H.: Adaptation Level Theory. New York 1964. Sarris, V.: Wahrnehmung und Urteil. Bezugssystem-Effekte in der Psychophysik. 1971.

[15] Lewin, K.: Die psychologische Situation bei Lohn und Strafe. Leipzig 1931.

[16] Mowrer, O.H.: Learning Theory and the Symbolic Processes. New York 1960.

[17] Dollard, I.; Miller, N.E.: Frustration and Aggression. New York 1939.

[18] Festinger, L.: A Theory of Cognitive Dissonance. Stanford 1957. Brehm, I.W.: Theory of Psychological Reactance. New York 1966. Aronson, E.: Dissonance Theory: Progress and Problems. Chicago 1968.

Lassen Sie mich jetzt die in der Überblicks-Liste genannten Begriffe erläutern.

Ich komme zunächst zur Deprivation. Allgemein bekannt ist aus der Physiologie das Prinzip der **Homöostase**, das Prinzip von der Aufrechterhaltung des Gleichgewichtes zwischen Zufuhr und Bedarf.[19] Wir essen genau so viel, wie wir zum Lebensvollzug brauchen, manchmal auch ein bißchen mehr, leider. Wir sorgen, ohne daß uns das bewußt ist, für einen konstanten Blutzuckerpegel und für einen ganz bestimmten Sauerstoffgehalt des Blutes. Es gibt viele solcher Körperfunktionen, die quasi automatisch ablaufen, um dieses Gleichgewicht in uns zu halten.

Mit dem Prinzip der physiologischen Homöostase sind die Lebensfunktionen jedoch noch nicht hinreichend beschrieben. Jemanden satt zu machen, alle seine anderen "primären" Bedürfnisse zu befriedigen, reicht keineswegs aus. Vor allem die Sinne wollen beschäftigt sein, auch wenn sie nicht im Dienste der Befriedigung primärer Bedürfnisse stehen. Das Auge "will" sehen, das Ohr "will" hören. Aber auch das Gefühl will sich regen, die Nähe zu anderen Menschen will gefunden werden, der sprachliche Austausch von Informationen will ablaufen. Der amerikanische Psychologe Allport hat all dies "funktionale Autonomie" genannt,[20] von Karl Bühler stammt der Begriff der "Funktionslust". Hierüber gibt es für Interessierte eine umfangreiche Fachliteratur.

Weil unsere Sinnesorgane, aber auch viele andere Funktionen, beschäftigt sein wollen, gibt es immer eine Tendenz weg vom Gleichgewicht auch dann, wenn es möglich wäre, die Primärbedürfnisse (Hunger, Durst, Sexualität) ständig zu befriedigen. Konkret: Wenn das Auge nicht zum Erspähen von Lebensmitteln oder eines möglichen Sexualpartners gebraucht wird, weil die zugehörigen Bedürfnisse befriedigt sind, bleibt das Bedürfnis nach Funktionieren des Gesichtssinnes erhalten.

Und so, wie man jemanden hungern lassen kann, kann man auch dieses Funktionsbedürfnis exzessiv anwachsen lassen. Wir sprechen von **senso-**

[19] Cannon, W.B.: The Wisdom of the Body. New York 1932.

[20] Allport, F.H.: Theories of Perception and the concept of structures. New York 1955.

rischer Deprivation, wenn man dem Auge, dem Ohr, schlechthin den Sinnen alles vorenthält, was sie beschäftigen könnte.

Keine Information fürs Auge und Ohr - **sensorische Deprivation.** Kein Objekt, an das man sich, ich will das einmal alltagssprachlich ausdrücken, voller Liebe ankuscheln kann - **emotionale Deprivation.** Kein Gesprächs- oder Kooperationspartner - **soziale** bzw. **kommunikative** Deprivation.

Die sensorische Deprivation ist am besten untersucht. Sie kann recht dramatische Wirkungen hervorbringen: So kommt es zu psychischen Ausnahmezuständen mit Halluzinationen und schwersten depressiven Störungen des Wohlbefindens, aber auch oft zu einer Hypersensibilisierung: Nach langer Deprivation klingt Flüstern wie Donnergrollen. Oft hat man kompensatorische Eigenreizungen beobachtet: Wenn schon etwa die Haut über lange Zeit hinweg nichts zu fühlen hatte, dann stimuliert man sie bis hin zur Selbstverstümmelung.

Es handelt sich hier geradezu um **Entzugserscheinungen**. Auch sie gehen - wie beim Drogenentzug - mit Bewußtseinsverengungen, folglich mit Einschränkungen der Kritikfähigkeit einher.

Soziale Deprivation: Der Mensch kann allein nicht leben. Sein wichtigster Umweltfaktor sind die anderen Menschen. Er ist auf sie angewiesen, muß mit ihnen zusammenarbeiten, kommunizieren. Die Sozialität des Menschen ist ganz tief biologisch verankert. Das zeigt sich z.B. im Hospitalismussyndrom bei Kleinkindern, wenn sie nicht genug Zuwendung erhalten. Das dabei z.B. manchmal auftretende Bettnässen wird nach weit verbreiteter Lehrmeinung als Versuch des Kindes interpretiert, Zuwendung zu erzwingen. Das gilt auch für negative Zuwendung, dann nämlich, wenn unverständige Eltern das Kind für seine "Unart" bestrafen.

Ich erwähne dies ganz bewußt, weil dieses Prinzip der sozialen Deprivation gezielt bei der Stasi angewendet worden ist. Dabei kommt der Häftling in eine paradoxe Situation: Wenn es denn schon über Wochen und Monate hinweg keinerlei positive Zuwendung gibt, beginnt er sich bald nach einem Stückchen sozialer Geborgenheit zu sehnen, die ihm sogar negative Zuwendung bieten würde: "Ach, wenn er mich doch wenigstens verprügeln würde. Das wäre doch schon mal was Menschliches!"

In der Vernehmungssituation kann man durch soziale Deprivation die Wahl des Zuwendungsobjektes im Sinne einer Entsolidarisierung und Neuorientierung steuern. Der Vernehmer ist nahe. Der Freund, die Geliebte ist fern. Reden muß man mit jemandem. Dazu gibt es nur den Vernehmer, von dem der Häftling natürlich weiß, daß er ihm nicht wohlwill. Dennoch redet er mit ihm, auch über geheime, ja intime Dinge. Wir werden das an meinem praktischen Beispiel noch besonders deutlich sehen.

In engem Zusammenhang mit der sozialen steht die **emotionale Deprivation**. Der Mensch braucht Objekte mit positiver Gefühlsbesetzung. Sind sie nicht vorhanden, so träumt er sie sich herbei. Man kann geradezu sagen: Je nüchterner die Realwelt, desto fragwürdiger und schillernder die erträumte Idealwelt. Eine solche kann man durch Vernehmungstechniken so induzieren, daß sie für den Vernehmer zu einem wirksamen Hebel in seinem - wie es in diesen "Dissertationen" heißt - "Kampf mit dem Beschuldigten um seine Aussagebereitschaft" wird. Unter emotionalen Entzugsbedingungen kann man so weit gebracht werden, daß man seine Feinde wirklich liebt. Und so lautet denn auch der Schlußsatz in George Orwells "1984": "Und er liebte den großen Bruder."

Nächster Mechanismus: Das insbesondere von HELSON untersuchte **Anpassungsniveau**, englisch **adaptation level**. Dieser Begriff beschreibt die Tatsache, daß die Wirkung von Umweltreizen abhängig ist vom Kontext anderer Reize. Wer immer schwer hebt, für den ist ein Gewicht auch dann noch leicht, wenn es andere schon als schwer empfinden. Wer lange Zeit nur trockenes Brot bekam, für den ist ein Stück billigste Wurst schon eine Delikatesse, auch wenn er satt ist. Das wirkt sich auch auf den Wirkungsgrad von Belohnungen aus, über die wir gleich noch sprechen werden. Nicht verwechseln sollten wir dies allerdings mit dem Auftreten eines physiologischen Mangelzustandes, für den das Motto gilt: Hunger ist der beste Koch. Dann ißt man zur Befriedigung eines primären Bedürfnisses eben alles. Das Beispiel mit dem trockenen Brot für die Entstehung eines bestimmten Anpassungsniveaus gilt hingegen, wie gesagt, auch dann, wenn man satt ist.

Wenden wir uns der Funktion von **Lohn und Strafe** oder von **Hoffnung und Furcht** zu. Im psychologischen Begriffssystem ist Belohnung eine positive und Strafe eine negative Handlungskonsequenz. Das klingt eigentlich fast trivial, doch spielen diese Konsequenzen insbesondere in der Lernpsychologie eine wesentliche Rolle. Es gibt einige Lerntheorien, die besagen, daß Belohnung - Strafe allerdings weniger -, aber auch Hoffnung und Furcht als Vorwegnahme von Lohn oder von Strafe, Grundlage jeglichen Lernens seien. Das gilt nach heutiger Auffassung nur recht eingeschränkt, denn man hat inzwischen auch noch andere Lernfaktoren identifiziert. Immerhin sieht man ein Verhalten, das in weitestem Sinne auf eine Bedürfnisbefriedigung hinausläuft, als wichtige Bedingung des Lernens und damit der Verhaltenssteuerung an.

Das Ausmaß der Bedürfnisspannung, also des eingetretenen Mangels, bestimmt die Wirksamkeit ihrer totalen oder partiellen Behebung. Wer sehr großen Hunger hat, kann auch schon mal vor jemandem vor Dankbarkeit auf die Knie fallen, wenn der auch nur ein Stückchen trockene Brotrinde anbietet. In ähnlicher Weise funktioniert die Vorwegnahme der Belohnung: Je größer der Mangel, desto wirksamer läßt sich das Verhalten durch Aussicht auf Behebung steuern. Man kann sich wohl vorstellen, daß damit dem "Untersuchungsführer" ein wichtiger Hebel für die Förderung der Aussagebereitschaft in die Hand gegeben ist. In gleicher Weise wirkt die Vorwegnahme von Bestrafung, also die Furcht: Je geringer die Furcht vor einem uns bevorstehenden schlimmen Ereignis, desto geringer die Wirkung von Bedrohung. Eigentlich sind das ziemlich triviale, aus dem Alltag geläufige Feststellungen. In der Psychologie versucht man, sie in einer systematischen Sprache zu formulieren.

Nächstes Phänomen: Die Wirkungen von **Frustration**. Klassische Untersuchungen von Dollard und Miller zeigen, daß man durch Frustration, also durch Vereitelung der Erreichung eines Zieles, eine gegen ein Objekt gerichtete Aggression erzeugen kann. Das Objekt kann ein Gegenstand oder eine Person (extrapunitive Aggression), aber auch der Frustrierte selbst (intrapunitive Aggression) sein. Ein durch Frustration entstandenes oder auch nur ausgelöstes Aggressionspotential sucht sich in jedem Fall ein Objekt, an dem es sich entladen kann. Wenn dieses Objekt bedrohlich ist, wenn es mächtiger ist als andere, dann verschiebt sich die Aggression auf ein anderes Objekt, häufig auf ein wehrloseres.

Es kommt ja leider nur zu oft vor, daß Menschen an ihren Kindern "ihren Frust auslassen". Das ist ja mittlerweise gar schon eine Alltagsredewendung geworden. Schließlich sei noch erwähnt, daß Frustration auch die sogenannte Regression bewirken kann, also den Rückfall auf primitivere Verhaltensweisen. In fortdauernd frustrierenden Belastungssituationen wie etwa im Gefängnis haben schon viele Häftlinge ihr in Freiheit erworbenes geistig-soziales Niveau verloren.

Eine weitere für unser Thema wichtige Rolle spielt die uns innewohnende Tendenz zur **Reduktion kognitiver Dissonanz**. Was ist damit gemeint? Dazu ein Alltagsbeispiel: Wer lange und unter Entbehrungen für ein Auto gespart hat und dann, wenn er es endlich kaufen kann, ein "Montagsauto" mit sehr vielen Fehlern erwischt, der neigt dazu, gerade dieses Auto-Sorgenkind schönzureden. Damit entlastet er sich, weil es ja sehr belastend wäre, ständig mit dieser traurigen Einsicht "was habe ich doch für ein Pech gehabt" herumlaufen zu müssen. Auf diese Weise reduziert er die in ihm entstandene "kognitive Dissonanz", indem er sich etwa selbst einredet, das Auto habe ja immerhin eine so wunderschöne metallische Farbe, daß die Fehlfunktion des Vergasers demgegenüber nicht so wichtig ist. Im übrigen sei die besondere Schönheit dieses Autos auch schon den Nachbarn aufgefallen. Man liebt es folgerichtig ganz besonders und rechtfertigt damit dann auch noch die verfehlte Kaufentscheidung.

Man möchte in diesem Zusammenhang auch an Eltern von behinderten Kindern denken. Nicht zuletzt wenden sie oft besonders viel Zuwendung und Liebe gerade auf dieses Kind, weil sie sich damit auch von der fortwährenden Trauer über solch Unglück entlasten, also ihre eigene kognitive Dissonanz reduzieren.

Derartige Entlastungsmechanismen spielen auch, wie wir noch sehen werden, in der Vernehmungs- und Haftsituation eine große Rolle.

Wir haben jetzt einen Blick auf einige Konzepte der Allgemeinen Psychologie geworfen, die für unser Thema relevant sein können, zumal sie sich mehr oder weniger bei allen Menschen aufweisen lassen. Mehr oder weniger: Natürlich unterliegen solche Befunde der individuellen Variation, sind also mit Persönlichkeitsmerkmalen verschränkt, die man in der

Differentiellen Psychologie systematisch abhandelt und in der Klinischen Psychologie zu modifizieren sucht.

Psychologische Förderung der "Aussagebereitschaft"

Wir können uns jetzt etwas konkreter die folgende Frage stellen: Wie muß die Welt eines Untersuchungshäftlings gestaltet werden, damit der Vernehmer möglichst viel an Geständnissen oder Selbstbezichtigungen aus ihm herausholen kann? Zur Beantwortung stehen uns jetzt einige Werkzeuge zur Verfügung, die physische Folter im engeren Sinne, also etwa Schläge oder Hunger, weitgehend entbehrlich machen. Weil die DDR ja schließlich als ein richtiger "normaler" Staat anerkannt sein wollte, sollte das Untersuchungsverfahren "human" sein und allein mit der - im übrigen viel wirksameren - psychischen Folter arbeiten. Schon bei den sowjetischen Lehrmeistern des MfS hatten sich die folgenden Szenarien bestens bewährt:

Erstens: Man trenne den Verhafteten schlagartig aus seiner Normalwelt heraus und versetze ihn in eine extreme Gegenwelt. Die ihm damit unvermittelt aufgezwungene Veränderung seines Adaptationsniveaus versetzt ihn in einen Ausnahmezustand, der in der sofort anzusetzenden ersten Vernehmung ausgenutzt wird, indem man den Häftling mit den schwersten, oftmals absurden, Anklagen konfrontiert. In dieser Schocksituation haben sich Nachtvernehmungen für den Vernehmer oft als hilfreich erwiesen, weil der Häftling durch systematischen Schlafentzug zusätzlich geschwächt und damit wehrloser gemacht wird.

Zweitens: Man entziehe dem Häftling möglichst viele Reizquellen. Keine Lektüre, keine Betätigung, kein Gespräch, nicht einmal ein Hell-Dunkel-Unterschied im Tageslauf darf ihn ablenken. Er soll in der oft sehr langen Zeit zwischen den Vernehmungen in seiner extrem kargen Zelle stumpfsinnig dahinvegetieren. (Um der Wahrheit willen muß allerdings gesagt werden, daß die Bedingungen in den 70er Jahren etwas günstiger waren. Man durfte nämlich in der Untersuchungshaft des MfS immerhin lesen. Damals in den 50er Jahren konnte davon überhaupt keine Rede sein.) Unter diesen Deprivationsbedingungen wird der Häftling nach einigen Wochen zu halluzinieren beginnen und in der Vernehmung kaum noch zur Selbstverteidigung fähig sein.

Drittens: Man entziehe ihm alle, aber auch alle Sozialkontakte. Man sperre ihn in eine Einzelzelle, gebe ihm keine Möglichkeit, andere Häftlinge auch nur zu sehen, geschweige denn, mit ihnen zu reden. Man weise die Bewachung an, nur bestimmte Funktionsworte mit ihm zu wechseln: "Komm'Se, jehn'Se, nehm'Se rin", das war das gesamte Repertoire an Worten, die ich von meinen Bewachern in diesen 7 Monaten in der Prenzlauer Allee im Keller zu hören bekam. Solche soziale Deprivation führt dazu, daß sich der extrem vereinsamte Häftling bald nach jedweder Zuwendung zu sehnen beginnt, sogar - in der normalen Welt schwer nachvollziehbar - auch nach negativer Zuwendung, etwa nach Prügel. Vor allem sehnt er sich dann aber nach den Vernehmungen, weil man ihm nur dort noch "menschlich" gegenübertritt.

Viertens: Man verunsichere den Häftling, indem man die Vernehmungen in unregelmäßigen, der Mathematiker würde sagen: in stochastischen, Abständen stattfinden läßt. So muß der Häftling jederzeit damit rechnen, schon am nächsten Tag wieder vernommen zu werden, vielleicht aber auch erst in ein paar Wochen. Er hat keinerlei Anhaltspunkte für die Gründe eines kurzen oder eines langen Intervalls. Man halte ihn eben in Ungewißheit und kultiviere in ihm die Sehnsucht, irgendwann wenigstens einmal mit seinem Namen angesprochen zu werden.

Fünftens: Nach der Umstellung des Anpassungsniveaus auf die Reizarmut und das soziale Vakuum Zellenumwelt (selbst darauf kann sich ein Mensch umstellen!) schaffe man sensorische und soziale Kontraste. Man sorge etwa einerseits für die Erniedrigung des Häftlings, indem man ihn anweist, mit dem Gesicht zur Wand zu stehen, wenn die Tür aufgeht. Man trete ihm andererseits manchmal gezielt freundlich entgegen. Ich weiß noch, daß ich zu Tränen gerührt war, als mir der Vernehmer seine Hand zum Gruß hinstreckte. Ich erinnere allerdings auch, daß ich sie nicht genommen habe.

Sechstens: Man sorge ferner dafür, daß die spartanische Zelle mit einem möglichst luxuriösen Ambiente des Vernehmerzimmers kontrastiert. In den späteren Jahren der DDR waren die Zellen allerdings nicht mehr so extrem karg wie etwa im Hohenschönhausener "U-Boot", die Vernehmungszimmer aber auch nicht mehr so extrem üppig wie in der Prenzlauer Allee.

Siebentens: Hin und wieder erinnere man dann insbesondere den - wie ich - aus dem Westen kommenden Häftling daran, wie human doch die DDR ist. Ob ich denn wirklich geschlagen worden sei, ob ich Hunger leiden müsse, ob man mich in Wasserzellen gequält habe? Wo doch der RIAS solche Hetzmärchen über die Deutsche Demokratische Republik verbreitet ... Damit erzielt man taktisch eine partielle Übereinstimmung zwischen Vernehmer und Häftling, die sich nicht selten weiter ausbauen läßt.

Achtens: Man verstärke systematisch die emotionale Deprivation: "Ich geh´ jetzt nach Hause zu meiner Familie, Weihnachten feiern. Meine Frau hat Plätzchen gebacken, wir haben auch einen schönen Weihnachtsbaum. Und Sie gehen wieder in Ihre Zelle. Sie wollten es ja nicht anders." Zusätzlich greife man in der Vernehmung zu dem bewährten Mittel, dem Häftling in seiner Hilflosigkeit auch noch seinen letzten emotionalen Halt zu nehmen. "Mensch, bilden Sie sich doch nicht ein, daß Ihre Freundin nicht fremdgeht. Natürlich geht die fremd, wenn Sie hier so lange sitzen. Das ist doch menschlich. Sie brauchen ja schließlich auch mal ´ne Frau. Wir hätten da natürlich Möglichkeiten, Sie auf andere Weise zu versorgen. Aber das hängt sehr davon ab, wie Sie sich uns gegenüber verhalten. Und jetzt ab in die Zelle!"
Aus der "Ordnung für Zellen und Hafträume":
"4. Häftlingen ist verboten: ... d) ... während der Nachtruhe Hände und Gesicht zu verdecken". Praxis des Kampfes des Untersuchungsführers mit dem Beschuldigten um dessen Aussagebereitschaft: "Die Untersuchungspraxis beweist, daß es unter sozialistischen Verhältnissen keinerlei Hemmnisse bei der Aufklärung, dem Beweis und der Bekämpfung feindlicher Tätigkeit gibt ..."[21]

Neuntens: Man setze Kontraste durch Rollenspiel: Zwei Vernehmer, ein "väterlicher Freund" und ein "scharfer Hund", agieren scheinbar gegeneinander, korrigieren sich gegenseitig: "Aber, hör mal, Genosse, so

[21] Kopf u. Seifert, a.a.O., S. 11.

brauchst Du doch mit dem nicht zu reden, der ist doch ganz vernünftig." Solche Spiele sind vorher genau abgesprochen. Sie bewirken eine partielle Solidarisierung des nach menschlichem Kontakt dürstenden Häftlings mit dem "netten" Vernehmer.
Zehntens: Man bringe ihn schließlich vielleicht sogar mit anderen Häftlingen zusammen, mit sogenannten Häftlings-KP, also Kontaktpersonen. In der Fachliteratur nennt man sie auch Kammeragenten. Das sind in der Regel verurteilte Strafgefangene, die sich bewähren können, indem sie andere Häftlinge in der Zelle aushorchen.
Hier sei angemerkt, daß eines der wirksamsten Prinzipien im DDR-Herrschaftssystem wie auch in der Hitler-Diktatur darin bestand, daß man allgemeines Mißtrauen säte und damit jeden gegen jeden auszuspielen vermochte. Nur durch diese systematische Zersetzung zwischenmenschlicher Beziehungen konnte sich die "Partei der Arbeiterklasse" so lange als Führungskraft behaupten.

Elftens: Man vergebe im Sinne von Lohn und Strafe gezielt Erleichterungen wie zusätzliche Schlaf-Erlaubnis, aber auch Erschwernisse wie Schlafverbot, oder stelle solche in Aussicht: Hoffnung und Furcht.

Zwölftens: Man senke die Gewissensschwelle, indem man die Tendenz zur Reduktion kognitiver Dissonanz fördert. "Also, kommen Se mal, jetzt haben Se A gesagt, nun können Se doch auch B sagen. Ist doch besser, 'ne arme, aber 'ne gute DDR, als 'ne reiche, aber böse BRD." Ich habe stundenlang mit meinem Vernehmer über Marxismus-Leninismus diskutiert, habe dabei auch solche arroganten Sprüche gehört wie: "Die sozialistische Partei ist der Arzt am Krankenbett der Gesellschaft. Und ein Arzt hat auch das Recht, der Gesellschaft bittere Medizin zu verabreichen." Oder: "Bei Ihrer Intelligenz müssen Sie doch längst gemerkt haben, daß sich das Rad der Geschichte nicht rückwärts dreht und daß Sie auf dem falschen Dampfer sitzen. Aber noch ist Zeit für Sie zur Umkehr." "Die Agentenzentralen in Westberlin nutzen Sie doch bloß aus. Sie sitzen hier unten für die - und die lachen sich doch ins Fäustchen, daß es so Blöde gibt wie Sie." Solche Sprüche können bei einem durch monatelange Isolation zermürbten Häftling durchaus auf fruchtbaren Boden fallen, denn sie weisen ihm einen Weg aus seiner Misere.

Biographische Veranschaulichung

Damit wollen wir es mit unserer kurzen Reise durch die Psychologie der Vernehmung bewenden lassen und uns jetzt einmal ansehen, wie solche Instrumente in der Praxis des Einzelfalles gehandhabt wurden. Natürlich kenne ich meinen Einzelfall am besten. Deshalb wollen wir an ihm das bisher Gehörte konkretisieren, indem wir zum eher biographischen Teil übergehen.

Deshalb soll dies auch nicht als ein "normaler" Haftbericht verstanden werden, vielleicht gar dazu angetan, Mitleid zu erregen. Meine Haftzeit bei der Staatssicherheit soll vielmehr lediglich als ein Paradigma für die Handlungsweise eines totalitären Systems stehen, also für jenes Unrechtssystem, das man auch im Westen " Deutsche Demokratische Republik" genannt hat.

"Konspirative" Verhaftung

Im November 1953 wurde ich in Johannisthal bei einem Besuch eines Kommilitonen verhaftet. Damals studierte ich Mathematik und Physik an der Freien Universität Berlin. Die letzten Minuten der Freiheit werde ich nie vergessen: Ganz arglos und fröhlich kam ich mit meinem Motorroller nach Ost-Berlin gefahren. Das ging ja damals. Es gab keine Mauer und viele Ost-Studenten studierten in West-Berlin. Was ich nicht wußte: Man hatte meinen Freund bereits am Vormittag verhaftet, weil er, wie ich erst nach meiner Entlassung erfuhr, für irgendeine der vielen sogenannten Agentenzentralen gearbeitet haben soll. Und da fing man dann solche Leute, die da mit einem West-Motorroller einherkamen, selbstverständlich ab. Zwei Männer in den berühmten Lederol-Mänteln traten auf mich zu: "Zeigen Sie mal Ihren Ausweis." Bevor ich mich versah, hatte man mir schon den Ausweis entrissen. Einer war schon hinter mich getreten, riß meine Hände nach hinten. Handschellen schnappten zu. "Sie sind vorläufig festgenommen. Bei Widerstand schießen wir scharf." Diese Worte waren für mich die Überschreitung der Grenze zwischen Freiheit und Unfreiheit.

Es war, wie man sie heute in der Fachliteratur nennt, eine "konspirative Festnahme": Ich wurde in einen alten EMW (die Älteren unter Ihnen kennen diesen Autotyp noch) gezerrt und mußte mich hinten zwischen zwei Leute zwängen. Einer von denen drückte alsbald meine gefesselten Hände nach hinten hoch, preßte meinen Kopf zwischen die Knie, und der zweite zog eine bereitliegende Wolldecke über mich und sagte dabei mit fast begütigender Stimme: "So, jetzt decken ´Se sich mal´n bißchen zu." Meine Frage nach dem Grund meiner Festnahme wurde nur mit "Det wissen ´Se doch wohl am besten selber" beantwortet. Danach blieb man schweigsam.

Das Auto fuhr los, bog um viele Ecken, war vielleicht eine halbe Stunde unterwegs. Es gehörte zu den Prinzipien, daß der Häftling seinen Aufenthaltsort nicht kennen durfte. Erst viel später habe ich die gelb-blau verblendeten Ziegelmauern der Nordmarkstraße/Ecke Prenzlauer Allee (heute ist, glaube ich, immer noch das Bezirksamt Prenzlauer Berg darin) wiedererkannt, als ich dieses Haus gleich nach der Wende mit einem Team des Bayerischen Fernsehens besichtigte. Makaber genug: In den Vernehmerzimmern befand sich zu dieser Zeit ein Kindergarten - und unten im Keller waren die ehemaligen Zellen jetzt Abstellräume für Kinderwagen. Ein Kontrasterlebnis besonderer Art.

Aber zurück in das Jahr 1953. Das Auto hielt. Im Kommandoton hieß es "Aussteigen!". Zu beiden Seiten hielt man die meinen Kopf verhüllende Decke fest und führte mich eine Steintreppe hoch. Die Decke wurde weggezogen und ich sah mich plötzlich in einem hell erleuchteten Gang. Damals trug die Staatssicherheit, jedenfalls die niederen Chargen, noch die Khaki-Uniform der Kasernierten Volkspolizei mit roten Kragenspiegeln. Als über Ostberlin und Ostzone gut Informierter erkannte ich deshalb sofort: Dies ist hier nicht die Kriminalpolizei. Dies ist der SSD. Das war die damals im Westen gebräuchliche Abkürzung für Staatssicherheitsdienst, auch wegen seiner beklemmenden Ähnlichkeit - nicht nur vom Namen her - mit dem SD der Nazis.

Und der Ton war denn auch gleich viel rauher. Erinnern Sie sich: Man muß den Häftling sofort mit einem vollen mentalen Faustschlag mit seiner neuen Situation konfrontieren. Das sah dann so aus: "Also, nun mal los, alle Klamotten 'runter, aber 'n bißchen eilig." Und als ich dann zögerte, auch noch mein letztes Kleidungsstück abzulegen: "Mann, Mensch, worauf warten Sie noch. 'Runter mit den Klamotten. Aber ganz. Und denn mit'm Jesicht zur Wand."

Und da stand ich nun, eben noch ein argloser, einigermaßen zivilisierter Westberliner Student, jetzt ein armes Würstchen, ein nacktes Würstchen mit dem Gesicht zur Wand. Hinter mir machte man sich geschäftig an die Kontrolle meiner Sachen. Nur einmal wagte ich mich verstohlen umzusehen und erntete sofort Gebrüll: "Nase zur Wand! Die Wand beißt nicht." Schließlich warf man mir grobe Unterwäsche und eine alte blaue Volkspolizei-Uniform zu, die mußte ich anziehen. Durch mehrere Gittertüren geleitete man mich in den Keller. Ein langer, hell erleuchteter Gang. Zu beiden Seiten Zellentüren. Eine stand bereits offen. Man schob mich hindurch. Hinter mir krachten die Riegel.

Kellerzelle

Die Ausstattung der Zelle war recht karg. Ein nach Chlor stinkender Kübel, eine Holzpritsche und - wir waren ja im roten Preußen - an der Wand eine Zellenordnung. Sie war das einzige, was ich außer meinen Vernehmungsprotokollen in den nächsten 7 Monaten zu lesen bekommen sollte. Die Zellenordnung besagte unter anderem im § 3: "Als Sitzgelegenheit ist nur die Bettmitte und nicht die Bettenden zu benutzen." Der Häftling sollte sich nicht anlehnen dürfen, denn das wäre ja eine unzulässige Hafterleichterung gewesen.

Was ist sonst noch über die Zelle zu sagen? Sie hatte kein Tageslicht, statt eines Fensters nur einen kleinen Luftschacht zur Straße. Über der eisenblechbeschlagenen, mit Guckloch versehenen Tür brannte tagaus, tagein eine sehr helle Lampe. Die Hausordnung verpflichtete den Häftling, sich erst auf das Kommando "Schlafen gehen", keineswegs aber am Tage hinzulegen, nach dem Kommando "Aufstehen" sich sofort zu erheben, nachts immer auf dem Rücken zu liegen und die Hände ständig auf der Decke, sichtbar für den Kontrolleur, zu halten. Übrigens galt diese Vorschrift auch noch, wie man nachlesen kann, in den Untersuchungsgefängnissen bis 1989.

Kaum vorstellbar, wie seltsam diese erste brutale Konfrontation mit der Staatsmacht damals auf mich gewirkt hat: Da war keine tiefe Verzweiflung, sondern nur das Gefühl des Erstaunens: Das ist ja mal was Komisches, was Dir hier passiert; da bist Du jetzt also in so einer komischen Zelle. Was machst Du nur alles für merkwürdige Erfahrungen ... Wem wirst Du davon wohl alles erzählen, wenn Du hier wieder herauskommst? Denn das wird ja bald geschehen, denn bald wird sich ja der offensichtliche Irrtum herausgestellt haben.

Verhaftungsgrund

Aber die große Ernüchterung, sie kam schon bei der ersten Vernehmung, zu der ich gleich darauf geholt wurde und die dann eine ganze Nacht dauerte. Was wollte man eigentlich von mir, wessen beschuldigte man mich? Ich erfuhr schon in den ersten Minuten, daß man mich für einen Spitzen-Agenten hielt. In meiner Aktentasche hatte man nämlich einen Betrag von sage und schreibe 67000 Ostmark nebst einer umfangreichen Liste von DDR-Adressen gefunden. Der Verdacht war plausibel genug. Wenn der Staatssicherheit mitten im Kalten Krieg so ein offensichtlicher Kurier in die Hände fällt, ist es da nicht naheliegend zu denken: Jetzt haben wir einen Top-Agenten, der den Judaslohn der Agentenzentrale den Helfershelfern des Monopolkapitals überbringt, das ja bekanntlich die Deutsche Demokratische Republik unterminieren will? Vielleicht hätte ich als staatstreuer DDR-Offizier auch so gedacht. Nur: Es verhielt sich ganz anders.

Sehr viele Studenten der ersten Stunde, also des sogenannten "Gründersemesters" der Freien Universität, waren von den Folgen der deutschen Spaltung direkt oder indirekt betroffen, denn sie stammten aus Ost-Berlin oder aus der "Zone", wo sie auch ihre Angehörigen zurückgelassen hatten. Schon damals war das Wohlstandsgefälle zwischen Ost und West so groß, daß manche Studenten ihre Familien - begünstigt durch den Wechselkurs - finanziell unterstützen konnten. Hierzu bestanden zu Beginn der 50er Jahre noch immer legale Möglichkeiten, für deren Realisierung ich mich im Rahmen des Allgemeinen Studentenausschusses engagiert hatte.

Es ist heute weitgehend in Vergessenheit geraten, daß die gleich nach der Einführung der D-Mark im Westen auch im Osten angeordnete Währungsreform nach dem Willen der Sowjetischen Militäradministration auch in West-Berlin gelten sollte. Von den Westalliierten zunächst geduldet, blieb deshalb neben der Westmark noch ein Jahr lang (während der Blockade) die Ostmark in West-Berlin gesetzliches Zahlungsmittel: Mit ihr wurden die Mieten, die rationierten Lebensmittel, die Strom- und Gasrechnungen sowie die Fahrgelder bezahlt. Die DM-West war so etwas wie eine Luxuswährung.

Während die Westmächte nach der Aufhebung der Blockade diesen Zustand alsbald beendeten, verharrte die inzwischen gegründete DDR merkwürdigerweise noch in den 50er Jahren auf dem Anspruch, daß die Ostmark nach wie vor auch in West-Berlin gültig sei. Selbst der Erlaß des "Gesetzes zur Regelung des Innerdeutschen Zahlungsverkehrs" ließ diesen Anspruch - wahrscheinlich versehentlich - unberührt. So kam es denn, daß die unter DDR-Verwaltung stehende Reichsbahn beim Fahrkartenkauf noch lange nur die Ostmark akzeptierte, und - daß nach wie vor auch West-Berliner völlig legal in Ost-Berliner Postämtern Geldbeträge für DDR-Adressaten einzahlen durften. Genau dieser Umstand erlaubte es uns, die finanzielle Unterstützung der in der DDR und Ost-Berlin lebenden Angehörigen von Studenten zu organisieren. Hierzu bedurfte es keiner Genehmigung von östlicher Seite, wohl aber von der West-Berliner Landeszentralbank.

So habe ich denn mit Studenten in Ost-Berlin ein regelrechtes Einzahlernetz aufgebaut. Diese Methode der Unterstützung hatte gegenüber Paketsendungen manche Vorteile. Deshalb stieg die Nachfrage sehr schnell und hatte zuletzt einen Umfang von durchschnittlich 20 Einzahlungen pro Tag. Dabei ging es um Einzelbeträge in der Größenordnung zwischen 80 und 120 Ostmark, deren Empfänger-Adressen jeweils von Listen auf die Postanweisungsformulare zu übertragen waren. Solche über mehrere Tage aufgelaufenen Listen und den dazugehörigen Geldbetrag hatte ich bei mir, als ich an jenem 14. November 1953 in Ost-Berlin festgenommen wurde.

“Überwerbungs”-Versuch

Bei dieser ersten Nachvernehmung, aber auch in den folgenden beiden Nächten, hat man mir diese Geschichte nicht im Entferntesten geglaubt. Für die Staatssicherheit stand vielmehr fest, daß ihr - mehr oder weniger zufällig - ein Spitzenagent ins Netz gegangen war, der seinen im Solde des Imperialismus stehenden Unteragenten ihren Judaslohn überbringen wollte. Der Versuch schien lohnend, solchen Spitzenagenten ”umzudrehen” oder - wie es in der Fachsprache heißt - zu ”überwerben”. Um dieses Ziel zu erreichen, hat man deshalb in den ersten drei Nächten alle Register gezogen.

Immer wieder hieß es in ermüdenden Wiederholungen und Variationen ”Wenn Sie jetzt Ihren Koffer ganz auspacken” (wenn ich also alles sage, was ich weiß), ”dann, ja, wissen Sie, die erste S-Bahn, die fährt ja bald, dann können Sie nach West-Berlin zurück. Gar kein Problem, Zahn. Und wenn Sie dann wieder in West-Berlin sind, dann machen Sie genau so weiter wie bisher, nur von Zeit zu Zeit treffen Sie mal mit jemand von uns und alles wird prima. Nicht wahr, Sie sind jetzt ein bißchen müde, kann ich verstehen. Aber in der S-Bahn können Sie ja ausschlafen.”

Noch nahm ich meine Lage nicht so recht ernst. Geradezu neugierig fragte ich zurück, was denn wohl passieren würde, wenn ich solche Vereinbarungen in West-Berlin nicht einhielte, sondern gleich zum Verfassungsschutz ginge. Fast in jovialem Ton gab man mir dies zur Antwort: Ich solle doch das Untersuchungsorgan nicht für so dämlich halten. Natürlich lasse man mich erst laufen, wenn ich alle mir bekannten Mit-Agenten schriftlich benannt habe. Dann müßte ich mich hüten, in West-Berlin ”vertragsbrüchig” zu werden, denn die dortigen Behörden würden sich lebhaft dafür interessieren, wer alles von mir in die Pfanne gehauen worden ist. Politische Denunziation sei ja schließlich im Westen strafbar. Ohne solches **Faustpfand** könne man mit mir solche Geschäfte nicht machen.

Jeder Überwerbungsversuch mußte bei mir schon deshalb scheitern, weil ich wirklich die Wahrheit sprach. Ich war ja kein Agent. Heute hätte ich keinen Grund mehr zu verschweigen, daß ich einer gewesen bin. Vielleicht könnte mich dies heute sogar mit etwas Stolz erfüllen. Aber: Ich war tatsächlich kein Agent, sondern ein (allerdings politisch besonders interessierter) Student.

Meine allmählich immer kläglicher werdenden Beteuerungen wertete man als Kennzeichen besonders verdächtiger Verstocktheit. Deshalb wurde der "Kampf zwischen Untersuchungsführer und Beschuldigtem um dessen Aussagebereitschaft"[22] immer verbissener. Man mußte ja den Agenten Zahn innerhalb jener Zeit überworben haben, die noch gerade sein Fernbleiben aus West-Berlin plausibel erscheinen ließ. Man stand unter Zeitdruck, denn die erste Nacht war schon verstrichen.

Nachtvernehmungen

Als Waffe in ihrem "Kampf" diente den Vernehmungsoffizieren zunächst einmal schon die offensichtlich systematisch auf Kontrast angelegte äußere Situation: Eben noch extrem karge Zelle: Pritsche, stinkender Kübel. Dann üppig eingerichtetes Vernehmerzimmer: Teppich, geschnitzter Renaissance-Bücherschrank, blutrote schwellende Couchgarnitur mit Sesseln. Inmitten dieser Pracht ein Bretterhocker, von dem aus ich, geblendet durch eine helle, auf mich gerichtete Schreibtischlampe, meine Vernehmer nur schemenhaft sehen konnte.

Deren gab es nämlich zwei, die im Wechsel ein gut einstudiertes Rollenspiel vor mir ablaufen ließen: Der Ältere, ein Major, pflegte geradezu betulich, fast väterlich zu mir zu sprechen. Das klang etwa so: "Nun hören Sie doch mal zu, Zahn, überlegen Sie sich doch mal: Sie sitzen doch auf dem falschen Dampfer da drüben im Westen. Mit Ihrer Intelligenz müßten Sie doch längst erfaßt haben, daß sich das Rad der Geschichte nicht zurückdrehen läßt. Hier können Sie zum Frieden und Fortschritt beitragen, wenn Sie uns helfen." Und zwischendurch dann, aus dem Hintergrund, eine scharfe Stimme. Sie kam von einem jüngeren Mann mit asketischem Gesicht: "Mensch, Sie verdammter Verbrecher, wenn Sie jetzt den Koffer nicht auspacken, dann werden Sie ein alter Mann, bis Sie hier wieder rauskommen." Und wieder der Ältere: "Ach, Genosse, komm, der ist doch ganz vernünftig, mit dem brauchst Du nicht

[22] Kopf u. Seifert 1972, S. 10.

so zu reden, laß mal mich machen." Es sollte wohl auf mich so wirken, als ob der ältere Genosse mir geradezu wohlwollte.

Das war das Szenario der ersten drei Nächte. Die Vernehmung dauerte bis zum Morgengrauen. Dann brachte mich der telefonisch herbeigerufene Posten zurück in meine Zelle. Müde streckte ich mich auf der Holzpritsche aus, schlief sofort ein, vorschriftsmäßig auf dem Rücken liegend, die Hände über der Pferdedecke haltend. Aber dann kam gleich das laut auf dem Gang gebrüllte Kommando "Aufstehen". In der Zelle gleißendes Licht über der Tür, draußen Schließgeräusche und das Knal- len schwerer Riegel. Ja, ich mußte aufstehen. MUSSTE.

Häftlings-Tagesablauf

Dieser erste und jeder folgende Tag begann mit einem großen Ereignis: KÜBELN! Der Schlüssel stieß in das grobe Schloß, zwei Riegel wurden knallend zurückgeschoben, in der aufgerissenen Tür stand ein Uniformierter. Taumelnd trat ich ihm einen Schritt entgegen und erhielt meine erste barsche Belehrung: "Hören Se mal jut zu: Wenn der Posten die Zelle uffmacht, haben Sie sich mit dem Jesicht zur Wand zu stellen. Umdrehn dürfen Se sich erst, wenn ick zu Ihnen 'komm'Se' sage." Diese Regel strikt befolgend, trug ich von nun an jeden Morgen den Kübel auf Anweisung über den Gang zu einem großen Kessel, wo man seine Exkremente auszuschütten und eine Schaufel Chlorkalk hineinzutun hatte. Die "Toilette" war danach wieder bereit zu weiterer Benutzung.

Jeder Häftling wurde einzeln abgefertigt. Nie (mit einer Ausnahme) habe ich während dieser Untersuchungshaft einen anderen Häftling zu Gesicht bekommen. Immerhin lernte ich bald, an Hand der Geräusche meine unbekannten Leidensgenossen zu zählen. Das Prinzip der extremen sozialen Deprivation galt, wie ich erst lange nach meiner Entlassung erfahren habe, in allen Haftanstalten des MfS. Auch in dem moderneren Bau des zentralen Untersuchungsgefängnisses in Berlin-Hohenschönhausen hat man es noch bis zur Wende als äußerst wirksames "Kampfmittel" eingesetzt. Dort war eine Art Ampelanlage installiert. Bei rotem Licht durften die Posten keinen Insassen auf den Gang treten lassen, weil sich dort bereits ein anderer befand.

Auf das Kübeln folgte alsbald das nächste wichtige, immer nach dem gleichen Ritual ablaufende Ereignis. Aufschließen, Häftling tritt mit dem Gesicht zur Wand, befolgt das Kommando "Komm'Se, nehm'Se rin". So erhält er sein Frühstück. Auf dem Gang findet er neben der Tür einen Plastiknapf mit Zichorienkaffee und zwei dünn mit Margarine bestrichene dicke Brotscheiben. Sie reichen aus, um ihn satt zu machen. Nichts gegen die DDR. Selbst der niedrigste und einsamste Häftling mußte nicht hungern, auch wenn solche Mahlzeiten nicht gerade lecker waren.

Einsamkeit und Müdigkeit

So, wie ich den ersten Tag vorschriftsmäßig auf der Bettmitte gesessen habe, so sollte ich dann noch insgesamt 7 weitere Monate dasitzen. Irgendwohin muß sich ja der Blick richten. Was aber gab es denn zu sehen? Nichts als eine weißlich-gelbe Wand, fast zum Greifen nahe vor mir. So klein war die Zelle. Ja, und den Kübel. Den sah ich nicht nur, ich roch ihn auch. Über der Zellentür hinter Glas eine helle Glühbirne, darunter in Kopfhöhe der "Spion", ein pfenniggroßes Guckloch im Zentrum einer trichterförmigen Vertiefung. In der linken oberen Ecke eine Entlüftung, durch die man auch nicht das geringste Stückchen Himmel sehen konnte. Neben der Tür ein grobes Blech mit vielen Bohrungen, mit dem die Heizung solide, also für den Häftling unzugänglich, verkleidet war. Sonst gab es nichts zu sehen oder gar zu lesen - wenn man einmal von der "Zellenordnung" absieht, die ich schon bald auswendig hersagen konnte. Im Laufe der Wochen und Monate zählte ich nicht nur ihre Buchstaben, sondern fertigte im Kopf auch Tabellen der auf die Einzelbuchstaben entfallenden Häufigkeiten an.

Die Blickrichtung auf diese Objekte kann man verändern, man kann sogar die Augen schließen, auf Innenschau schalten. Das Gehör bleibt hingegen im Wachzustand immer empfangsbereit. Was aber gab es denn zu hören? Nichts als das am ersten Tag noch sehr fremde Rasseln, wenn riesige Schlüssel in Zellenschlösser gestoßen und dort gedreht wurden. Das Knallen von je Zellentür zwei Riegeln beim schlagartigen Vor- und Zurückschieben. Fetzen verhaltener, darum unverständlicher, Gespräche der Wächter. Selten deren unflätiges Gebrüll - im Kontrast zur leisen, fernen Stimme eines Häftlings, der vielleicht die Zellenordnung verletzt hatte. Die scharfen, über den Gang schallenden Befehle, die dem Tageslauf Struktur verliehen: AUFSTEHEN - KÜBELN - AUSSPEISUNG (dreimal) - SCHLAFEN GEHEN. Und die wenigen Worte, die der Posten für den Häftling beim Öffnen seiner Zelle bereithielt: "Komm´Se" - "Jehn´Se" - Nehm´Se rin" - "Raustreten zum Freigang". Anderes sprach man nicht zu ihm. Manchmal das vage durch das Lüftungsloch dringende metallische Kreischen einer vorüberfahrenden Straßenbahn. Wenn man aufmerksam war: Das Knallen der Stiefelabsätze eines draußen vorbeigehenden Wärters vermischt mit dem leise schlurfenden Geräusch von Häftlings-Schritten. Da bringt ein "Läufer" einen "Beschuldigten" zum "Untersuchungsführer". Wann werde ich vielleicht endlich auch einmal wieder dran sein? Zu hören gab es auch noch - nur des Nachts - das Winseln und gelegentliche Heulen der auf dem Gang umherstreifenden Wachhunde. Sie habe ich nie gesehen, immer nur gehört. "Hundekeller" hieß deshalb in Häftlingskreisen diese "Untersuchungshaftanstalt der Bezirksverwaltung Berlin des" (damals) "Staatssekretariats für Staatssicherheit der Deutschen Demokratischen Republik" in Berlin, Prenzlauer Allee. Wo ich 7 Monate gewesen bin und wie man diese Einrichtung nannte, habe ich erst Jahre später in der Strafhaft erfahren, als ich mit anderen Gefangenen zusammenkommen durfte.

Ob draußen Tag oder Nacht war - das Gefühl dafür geht im Laufe der Zeit bei so gleichmäßiger Beleuchtung verloren. Aber der alsbald total veränderte Tagesrhythmus konnte nicht ignoriert werden. Er drängte sich durch die über den Gang gebrüllten Kommandos in das Bewußtsein. Die Einsamkeit war sehr groß, aber allein war ich nie. Das klingt paradox? Man sitzt da - völlig untätig - auf der Pritsche, stundenlang, tagelang, wochenlang. Man kann die Augen nicht ständig geschlossen halten. In irgendeine Richtung fällt der Blick, hin und wieder trifft er auf den "Spion" in der Zellentür. Meistens geht da nichts vor sich, der Blick schweift wieder ab. Aber manchmal, ganz selten, in unregelmäßigen Abständen, da sieht man etwas: Ganz leise geht außen die Klappe nach oben und es erscheint ein Auge, eine Pupille. Und ebenso leise schließt sie sich wieder. Und da sitzt man dann weiter, ohne jeden menschlichen Kontakt, aber immer in heimlicher Gesellschaft.

Extrem langdauernde Untätigkeit ist für den Organismus eine enorme Belastung. Er verteidigt sich dagegen, indem er in dieser reizarmen

Umgebung ständig übermäßig müde ist. Dann fällt eben auch hin und wieder der Kopf des Häftlings nach vorn, sein Oberkörper neigt sich den Knien entgegen. Das kann eine Weile gutgehen, manchmal eine Stunde, manchmal fünf Minuten. Dann war aber wieder einmal gerade eine Pupille im Spion erschienen, und dann knallt ein Gummiknüppel gegen die Tür, eine barsche Stimme brüllt: "Schlafen Sie nicht." Der Häftling schreckt hoch, fürchtet sich in der nächsten Stunde vor dem Wiedereinschlafen, bis ihn die Müdigkeit wieder überwältigt. Schlafentzug als Waffe im Kampf um die Aussagebereitschaft. Die Waffe funktioniert sehr gut.

Schon am ersten Tag funktionierte sie sehr gut. Gleich, nachdem das Kommando "Schlafen gehen" im Gang gebrüllt wurde, knallten die Riegel zurück, rasselte der Schlüssel, sprang die Tür auf, erhob sich der Häftling, wendete sein Gesicht zur Wand: "Kommen Se." Ein später immer wiederkehrendes Ritual lief ab, ein Demütigungsritual: wenn man die Treppe hochging, mußte sich der Häftling jedesmal mit dem Gesicht zur Wand stellen, während der "Läufer" mit seinem Schlüssel hantierte, um die drei zwischen Zelle und Vernehmungszimmer angebrachten Gittertüren aufzuschließen.

Die zweite Nacht

Und so kam ich denn wieder in das schöne Zimmer da oben. Der Duft von Kaffee stieg mir in die Nase, auch der Duft von Zigaretten. Ich war damals ein starker Raucher. Die beiden Genossen Vernehmer saßen im Hintergrund und rauchten. Die Gier nach einer Zigarette wuchs in mir. Der Mangelzustand schrie nach Behebung. Wieder hatte ich auf dem Bretterhocker Platz zu nehmen. Und alles fing, wie in der vorigen Nacht, wieder von vorn an. Ständig wiederholte bohrende Fragen und Vorhaltungen, von dem einen betulich und verlockend, vom anderen scharf und drohend hervorgebracht. "Nennen Sie endlich die Agentenzentrale, für die Sie die Gelder hierher in den demokratischen Sektor transferieren. Nennen Sie endlich Ihre Tatgenossen. Geben Sie uns endlich eine genaue Aufstellung Ihrer geheimdienstlichen Aktivitäten." So ging das über Stunden. Diese auf Zermürbung angelegte Prozedur wird übrigens in wohlgesetzten "akademischen" Worten in den beiden genannten "Dissertationen" der MfS-Hochschule beschrieben.

Ich aber konnte nicht anders, als immer wieder nur stereotyp zu beteuern: "Nein, ich bin kein Agent, es handelt sich wirklich um private Unterstützungszahlungen." Daß solche Zahlungen damals noch legal waren, konnten sich beide Vernehmer einfach nicht vorstellen. Bald nach meinem "Fall" hat man dann ja auch das "Gesetz zur Regelung des Innerdeutschen Zahlungsverkehrs" (so hieß das damals noch!) entsprechend geändert.

Die bei mir gefundenen Listen von Zahlungsempfängern enthielten einige hundert Namen nebst Adressen. Sie alle würden, das wußte ich, akribisch überprüft werden. Sie alle belasteten schon jetzt mein Gewissen, denn durch mich stand ihnen ja der Schock eines Stasi-Kontaktes bevor. Und ich wußte auch: Wenn darunter auch nur **ein** wirklicher Agent war, dann wird meine Lage bedrohlich, dann kann ich meine Illusionen von baldiger Heimkehr begraben. Hier sei vorausgeschickt: Als ich 1992 meine Akten einsah, erfuhr ich, daß die monatelangen Recherchen keinen "Erfolg" gehabt hatten. Es stand tatsächlich kein einziger Agent auf den Listen. Ich hatte das damals inständig gehofft, die Stasi hingegen nicht im Entferntesten geglaubt. Und so verhörte man mich weiter. Und so verging die zweite Nacht.

Im Morgengrauen bringt man mich zurück in die Zelle. Kübelritual, Ausspeisungen, stumpfsinniges Sitzen auf der Pritschenmitte. Immer öfter sinkt der Oberkörper nach vorn. In immer kürzeren Abständen erscheint die Pupille im Spion, knallt der Gummiknüppel gegen die Zellentür: "Schlafen Sie nicht!" Erlösung beim Kommando "Schlafen gehen". Kaum hat sich der Körper auf dem harten Holz ausgestreckt, versinkt die triste Welt im seligen Nebel der Bewußtlosigkeit. Nicht lange. Hart werde ich an der Schulter gerüttelt. Im Tiefschlaf war mir der Lärm des Zellenaufschließens entgangen. "Komm'Se".

Ein "Geständnis"

Damit begann die dritte Nacht. Die systematische Herbeiführung von Müdigkeit ist ein ungeheuer wirksames Zwangsmittel, wahrscheinlich viel wirksamer als konventionelle körperliche Qualen. Müdigkeit ist eine Alltagserfahrung. Hier, in dieser dritten Nacht, wurde sie zur Extremerfahrung. Wenn mitten im Satz die Zunge nicht mehr gehorchen wollte, dann kam die harte, höhnische Stimme aus dem Hintergrund: "Wat, Se sind wohl müde? Na, denn stehen Se mal auf. Im Stehen redet et sich besser." Tatsächlich: Neben dem Bretterhocker in etwas unsicherer, taumelnder Haltung wurde auch noch die letzte Wach-Reserve aktiviert. Ich stammelte nicht mehr ganz so wie eben noch im Sitzen.

Ich hatte nichts zu gestehen, ich konnte allenfalls Konzessionen machen. Aber hier gebe ich es zu: wenn ich etwas Gravierendes zu gestehen gehabt hätte, ich hätte nach diesen ersten zwei Nächten gestanden, ja, in dieser dritten Nacht hätte ich gestanden. Dem derart übermüdeten Menschen wird alles, auch die Konsequenzen seiner Aussagen, so unendlich gleichgültig. In ihm summt und brummt es nur: "schlafen, schlafen, schlafen ...". Ich bin kein Held, aber auch Helden könnten diesem Drang nicht widerstehen.

Naheliegend scheint zu sein, daß man sich fiktiver "Untaten" bezichtigt. Das aber konnte keine Entlastung bringen: Im Gegenteil: Solche Aussagen hätten die Qual noch verlängert. Denn sie hätten weitere bohrende Fragen nach Details, nach konkreten Umständen, besonders aber nach Personen nach sich gezogen. Wie sollte sich der Häftling solche konkreten, von der Stasi nachprüfbaren Angaben aus den Fingern saugen? Sehr bald hätte er sich als unglaubwürdig erwiesen, dies wäre von den Vernehmern als Tarnungsversuch interpretiert worden - und seine Lage hätte sich noch weiter verschlechtert.

Zugegeben, zu solchen subtilen Überlegungen ist der neben dem Schemel stehende übermüdete Häftling wohl kaum noch in der Lage. In meinem Kopf hämmerte nur ein Gedanke: "Was kann ich tun, um mir die von den Vernehmern immer wieder verheißene Erleichterung zu verschaffen, schlafen zu dürfen?" Nur eine Konzession stand mir zur Verfügung, und die habe ich gemacht, obwohl es eine Entscheidung gegen mein Gewissen war. Ich habe sinngemäß hervorgestammelt: "Bei mir zu Hause in West-Berlin liegen noch weitere Listen, und da liegt auch noch weiteres Geld. Ich will Ihnen beweisen, daß es mit diesem Geld nichts Unrechtes auf sich hatte. Schicken Sie jemanden dort hin. Die Tatsache, daß ich mich hier in Ihren Händen befinde, ist ja eine Garantie dafür, daß dem nichts passiert. Ich gebe eine Vollmacht mit. Und meine Freundin wird Ihnen Listen und Geld herausgeben." Damit - so tief war ich gesunken - wollte ich weitere harmlose Bürger den Recherchen der Stasi ausliefern.

Da wandelte sich die angespannte Situation plötzlich. Ich erhielt von den Vernehmern ein geradezu freundliches Lob: "Zahn, jetzt haben Sie den ersten konstruktiven Vorschlag gemacht. Passen Se mal auf, jetzt jehn'Se wieder runter in die Zelle. Ich geb' dem Posten Bescheid. Jetzt könn'Se erstmal richtig ausschlafen. Und nach ein paar Tagen, dann sehn wir uns wieder. Sehn wir mal zu, was wir da machen." Zurück in die Zelle. Und jetzt: Endlich schlafen. Wie lange? Vielleicht 24 Stunden. Ich weiß es nicht.

Briefwechsel mit West-Berlin

Bald darauf wurde ich wieder zur Vernehmung geholt. Und in dieser Vernehmung stürzte man mich in den tiefsten Konflikt. Das kam so: In meinen Taschen hatte man auch den Personalausweis meiner damaligen Freundin Uschi gefunden. Ich hatte ihn am Vorabend meiner Verhaftung beim Opernbesuch eingesteckt, weil er nicht so recht in das Handtäschchen der jungen Dame paßte. Jetzt sagte der Vernehmer ungewohnt leutselig: "Also, Ihren Vorschlag greifen wir voll auf, Zahn. Bloß natürlich, wir können da jetzt schlecht einen Kurier nach West-Berlin schicken. Aber, wissen Sie, Ihre Freundin braucht doch ihren Personalausweis. Den kann sie sich doch abholen bei uns. Dann bringt sie das Geld und die Listen gleich mit."

Das hörte sich ganz harmlos an, war es aber keineswegs. Schlagartig kam mir die Erinnerung an die erste Vernehmungsnacht. Was hatte man mir da als Voraussetzung für die Freilassung und Weiterarbeit als Ost-Agent abgefordert? Ein **Faustpfand**. Es dröhnte in meinem Kopf: Wenn Uschi nach Ost-Berlin ginge und dort abgefangen würde, dann hätten sie ja ein Faustpfand, dann wäre ich in West-Berlin erpreßbar, dann müßte ich das werden, was ich bisher nicht war: Ein Agent, allerdings ein Agent der Gegenseite.

Aber zurückziehen konnte ich mein Angebot, der Stasi Listen und Geld zugänglich zu machen, nun auch nicht mehr. Denn ich wollte ja dartun, daß ich ein reines Gewissen hatte. Nach drei Nachtvernehmungen war ich wenigstens partiell glaubwürdig geworden. Das konnte und wollte ich nicht aufs Spiel setzen. Ich mußte also Uschi zu der Fahrt nach Ost-Berlin auffordern und - sie gleichzeitig dringend davor warnen. Wie macht man das, ohne neuen Verdacht zu erregen?

So bekam ich bald ein Blatt Papier vorgelegt und einen etwas klecksenden Federhalter in die Hand gedrückt. "Nun schreiben Sie doch mal an Ihre Freundin. Nun schreiben Sie doch mal, daß sie kommen soll, um sich ihren Personalausweis abzuholen." Meine Gedanken rasten. Ich mußte also sinngemäß schreiben: "Liebe Uschi, komm'." Und gleichzeitig zum Ausdruck bringen: "Bitte komm', um Gottes willen, nicht."

Die Empfängerin mußte merken, daß dieser Brief nicht unter normalen Bedingungen zustande gekommen war. Als erstes fiel mir eine bei uns sonst ungebräuchliche Briefanrede ein. Sodann ließ ich mir in gespielter Hilflosigkeit die ersten Sätze vom Vernehmer diktieren. Solche unbeholfenen Formulierungen konnten ja doch wohl nicht von mir stammen. Hoffentlich merkt das die Uschi. Als Anlaufstelle für die Überbringerin mußte ich das Zimmer 4611 im Ostberliner Polizeipräsidium angeben, eine fiktive Adresse, denn ich saß in einem Keller an der Prenzlauer Allee. Das wußte aber niemand außer der Stasi, schon gar nicht ich selbst.

Während ich noch schrieb, dachte ich verzweifelt nach. Dann kam mir die erleuchtende Idee. Ich sagte in harmlosem Ton zum Vernehmer: "Wissen Sie, meine Freundin weiß in meiner Wohnung nun so genau auch nicht Bescheid. Ich muß ihr doch genau beschreiben, wo sie die Listen und das Geld findet." "Ja," sagte der sehr eifrig, "natürlich, beschreiben Sie es ihr ganz genau." Also schrieb ich denn: "Die zu dem Geld gehörigen Unterlagen .... findest Du im gelben Rollschrank im

Balkonzimmer auf den Bänden 'Wundt, Völkerpsychologie'." Das war eine dreifache Sicherung: Zu meiner Wohnung gehörte kein Balkonzimmer, ich besaß auch keinen gelben Rollschrank und schon gar nicht Wundts vielbändiges Werk Völkerpsychologie. Und so ging dieser Brief, von mir auch noch säuberlich adressiert, auf seinen Weg nach West-Berlin. Man hat ihn, wie sich nach meiner Entlassung erwies, nicht einmal mit einer Briefmarke versehen, sondern durch Boten zu meiner Wohnung gebracht. Jetzt hieß es abwarten, ob Uschi meine Botschaft verstanden hatte. In großer innerer Spannung verbrachte ich ein paar weitere Tage in meiner Zelle.

"Irreführung der Untersuchungsorgane"

Die nächste Vernehmung schien zunächst Gewißheit zu bringen, denn die verbissene Miene des meist so väterlichen Genossen Major verhieß nichts Gutes für mich, dafür aber wohl für Uschi. Zunächst Schweigen, nur zwei erregt im Zimmer herumlaufende Vernehmer. Ich fasse Mut und frage von meinem Holzschemel aus scheinheilig: "Na, ist meine Freundin denn nun gekommen?" "Nein," so die gebrüllte Antwort, "aber Sie haben Post." Ein Brief fliegt mir vor die Füße. Zu meiner Überraschung erkenne ich tatsächlich auf dem schon geöffneten Umschlag die Handschrift meiner Freundin. Sie schreibt sinngemäß - der Brief ist erhalten -: "Ich will Deine Bitte ja gern erfüllen, aber ein altes Nierenleiden zwingt mich ins Bett. Darum kann ich den Termin nicht wahrnehmen." Uschi hatte voll verstanden und alle meine Signale erwidert: Fremdartige Briefanrede, gestelzter Satzbau und vor allem ihre fiktive Krankheit. Denn ich hätte natürlich von einem Nierenleiden gewußt, besonders dann, wenn es ein "altes" gewesen wäre.

Meine anfängliche Hochstimmung über diesen Erfolg sollte sehr bald tiefer Verzweiflung weichen. In gespielter, aber doch wohl haßerfüllter Lockerheit sagte der Major: "Wissen Sie, jetzt wollen wir uns mal wieder ein bißchen ruhig unterhalten. Sagen Sie mal, in welcher Zelle sitzen Sie eigentlich? 38 ist das, glaube ich. Und in 41, da sitzt jetzt jemand, den Sie gut kennen. Sie können ja mal raten, wer das ist. Inzwischen erzähle ich Ihnen eine interessante Geschichte." Sodann schilderte er mir sehr anschaulich einen Besuch (sprich Haussuchung) bei einer Ost-Berliner Familie, die mir auch bei den Einzahlungen geholfen hatte. "Als wir so mitten bei der Arbeit waren, da klingelt es an der Tür. Wir machen auf - und wer steht da? Eine uns vom Ausweisbild sehr wohl bekannte junge Dame." In brüllendem Ton: "Wissen Sie jetzt, wer in Zelle 41 sitzt?"

Der jähe Umschlag von Euphorie in Depression wirkte wie ein Keulenhieb. "Von wegen Balkonzimmer, von wegen gelber Rollschrank, won wegen altes Nierenleiden", warf man mir an den Kopf. "Sie mieser Verbrecher, Sie haben uns gelinkt. Das wird Ihnen leid tun. Wegen Irreführung der Untersuchungsorgane gehen Sie erst mal 3 Tage in Arrest." Der Läufer führte mich zurück in den Keller, aber nicht in meine Zelle.

Stehkarzer

Arrest in diesem Keller? Konnte es hier noch eine Verschärfung geben? Es konnte. Eine äußerlich normale Zellentür wurde aufgeschlossen. Keine normale Zelle lag dahinter, nur eine schrankartige Nische. Stehkarzer also. Vorschriftsmäßig 72 Stunden habe ich dort zugebracht. Zusätzliche Erschwernis: In den ersten 12 Stunden waren meine Hände an im Mauerwerk verankerte Handschellen gefesselt. Ein Kübel stand vor der Tür. Um ihn zu benutzen, mußte man mit dem Kopf an einen Knopf stoßen, die Hände waren ja nicht frei. Damit löste man eine primitive, aber sinnreiche mechanische Vorrichtung aus: Draußen fiel eine Klappe. Im Häftlingsjargon, den ich später in der Strafhaft kennenlernte, hieß das "Fahne schmeißen". War die Fahne geschmissen, kam der Wächter nach einiger Zeit, um aufzuschließen und den Kübel zugänglich zu machen. Nach den ersten 12 Stunden gab es eine Erleichterung: Die Hände wurden aus den Handschellen gelöst. Sie waren jetzt frei und konnten wenigstens die Fahne betätigen. Wie konnte ich denn aber auch so mit den Untersuchungsorganen der Deutschen Demokratischen Republik umspringen? Das hatte ich nun davon, daß ich sie derart hinters Licht geführt hatte.

Eine erstaunliche Erfahrung: Mit gegen die Tür eingeknickten Knien kann man ganz gut im Stehen schlafen. Besonders gut aber kann man denken. Zeit dazu gibt es im Überfluß. Zunächst war in mir alles zusammengebrochen. Ich war überzeugt, jetzt Wachs in den Händen der Stasi zu sein, jetzt alles von mir Verlangte tun zu müssen. Denn jetzt haben sie ja das Faustpfand: Uschi. Aber dann meldete sich in irgendeiner Stunde ein gesunder Zweifel. Dem Untersuchungsorgan war ja jede Schandtat zuzutrauen. Was ist, wenn die Festnahme meiner Freundin nur erfunden war, um auf den Spitzenagenten Zahn weiteren Druck auszuüben, ihn endlich zum Geständnis zu bewegen? Gewisse Indizien bei der letzten Vernehmung lieferten vage Hinweise darauf. Daran klammerte ich mich. Der Stehkarzer wurde erträglicher. Ich beschloß, bei der nächsten Vernehmung einen Versuchsballon zu starten.

Rollenspiele

Der Arrest war überstanden. Durch das total verzerrte Anpassungsniveau erschien mir die karge Zelle jetzt behaglich, die Vernehmung wie eine lange ersehnte Erlösung. In weinerlichem Ton machte ich den Major darauf aufmerksam, daß Uschi außerdem chronisch zuckerkrank sei und regelmäßig in kurzen Abständen Insulin-Injektionen brauche. In hochmütigem Ton kam die Antwort: "Was denken Sie denn von uns? Bei uns in der DDR werden auch die Häftlinge medizinisch vorbildlich versorgt. Ihre Freundin ist gleich eingehend ärztlich untersucht worden. Selbstverständlich hat sie ihre Insulinspritzen bekommen." Damit hatte man einen taktischen Fehler begangen. Die Zuckerkrankheit war meine Erfindung. Also mußte auch die angebliche Behandlung Fiktion sein, Fiktion wie überhaupt die ganze Verhaftung. Groß war der innere Jubel: Uschi saß nicht in Zelle 41!

Woher aber wußte man so genau, daß ich Uschi mit meinem Brief verdeckt gewarnt hatte, daß es auch kein "altes Nierenleiden" gab? Erst viel später, als ich nach 7 Jahren aus dem Zuchthaus Bautzen entlassen war, habe ich es erfahren. Tatsächlich ist Uschi kurz nach meiner Festnahme noch bei dieser Familie in Ost-Berlin gewesen, um sie zu warnen. Dabei hat sie Listen und Geld abgeholt, weil sie meinte, mir dadurch zu helfen. Nicht zu dieser Zeit, sondern kurz darauf ist die Stasi zur Haussuchung gekommen und fand ein leeres Nest vor. Von der eingeschüchterten Familie hörte sie dann vom Besuch der "nierenkranken" Uschi. Der Rest war Routine: Von außen ließ sich für einen erfahrenen Kundschafter leicht feststellen, daß meine Wohnung keinen Balkon hatte.

Ende der "Untersuchungshaft"

Von nun an wurde der "Kampf des Untersuchungsführers mit dem Beschuldigten um dessen Aussagebereitschaft" mit veränderten Mitteln geführt. Der Kampf nahm die Form eines wochenlangen Katz-und-Maus-Spiels zwischen mir und den Vernehmern an. Mir wurden herzergreifende Geschichten über das junge Mädchen erzählt, das doch da in dieser Zelle 41 trübselig nur deshalb so lange sitzen muß, weil ich so stur bin und nicht gestehe. "Unser Hotel da unten ist doch für 'ne junge Frau wirklich keine gute Umgebung, Zahn, das müssen Sie doch sehen. Und nur Sie können das ändern." Hören durfte ich auch, daß sie an mir zu zweifeln beginnt, daß sie oft Kopfschmerzen hat und daß sie immerzu weint. Mein Part in diesem Spiel: Um selbst glaubwürdig zu sein, mußte ich die Vernehmer glauben machen, daß ich ihnen diese Leidensgeschichten glaubte. So habe ich ihnen denn ein Bild des Jammers dargeboten, habe sie wieder und wieder inständig angefleht, die Uschi doch freizulassen. Dies empfand ich keineswegs als Selbsterniedrigung. Vielmehr fühlte ich mich den Vernehmern haushoch überlegen, denn ich wußte ja, daß sie nicht in ihrer Gewalt war, daß man mich mit ihren angeblichen Leiden auf übelste Weise täuschen wollte. Das Gefühl der Hilflosigkeit gegenüber dem "Untersuchungsorgan" hatte sich längst zu blankem Haß gewandelt.

Von nun an wurden die Vernehmungen immer seltener. Manchmal dauerte es jetzt Wochen, bis ich endlich das komfortable Zimmer wiedersehen, bis ich wieder einmal "menschlich" mit jemandem reden durfte. Einmal streckte mir - in einer wahrscheinlich wohlberechneten Geste - der Major die Hand zum Gruß entgegen. Pervertierte Situation: Ob so viel "Güte" schossen mir die Tränen aus den Augen.

Nach monatelangem fleißigem Recherchieren hatte sich nun auch wohl die Legende, ich sei ein Spitzenagent, zerschlagen. Längst hatte man sich auch von der Illusion verabschiedet, man könnte mich durch Überwerbung in den Dienst der "Arbeiter-und-Bauern-Macht" stellen. In meiner politischen Betätigung als Student an der Freien Universität fand man inzwischen ein weiteres "Delikt", dessen Schilderung diesen Rahmen sprengen würde. Es galt jedenfalls, mich vorläufig aus dem Verkehr zu ziehen, weil schon mein Verschwinden im Westen einiges Aufsehen erregt hatte. Mein Wiederauftauchen ausgerechnet während der damals (1954) gerade stattfindenden Viermächte-Außenministerkonferenz hätte das Ansehen der nach internationaler Anerkennung lechzenden DDR geschädigt. Also bereitete man einen Prozeß vor, der dann auch vor dem "Stadtgericht von Groß-Berlin" stattfinden sollte.

Meine Zeit im Stasi-Keller fand ein für mich plötzliches Ende. Ein letztes Mal die Schließgeräusche, das Riegelknallen. "Komm'Se". Über den Gang wurde ich zur Treppe in eine garagenähnliche "Schleuse" geführt. Dort stand ein brauner DDR-Lieferwagen "Barkas" mit der weißen Aufschrift "HO Lebensmittel Prenzlauer Berg". Innen war er mit sieben winzigen, einzeln verriegelbaren Kabinen ausgestattet. In eine von ihnen mußte ich mich zwängen, nachdem man mir Handschellen angelegt hatte. Aus den Geräuschen schloß ich sodann, daß auch die anderen Kabinen mit Menschen gefüllt wurden. Nach kurzer Fahrt sprangen die Riegel auf und ich sah - erstmalig Mitgefangene und Uniformen der regulären Volkspolizei. Wir waren auf dem Hof des Präsidiums in der Keibelstraße angelangt. Das mittlerweile wieder so heißende "Ministerium für Staatssicherheit" hatte mich aus seiner Zuständigkeit entlassen. Frei war ich damit allerdings noch lange nicht.

Über den Prozeß und die sich daran anschließende Strafhaft mit den Stationen Berlin-Rummelsburg, Brandenburg, Bautzen, Berlin-Hohenschönhausen und wieder Bautzen wird an anderer Stelle abzuhandeln sein. Sie endete am 21.11.1960 mit der Aushändigung eines Entlassungsscheines, auf dem unter Angabe der Bahnverbindung der folgende Vermerk gedruckt stand: "Der Inhaber dieses Entlassungsscheines wurde darüber belehrt, daß er auf der ihm vorgeschriebenen Fahrtstrecke in kürzester Frist das Gebiet der Deutschen Demokratischen Republik zu verlassen hat."

Dieser Belehrung bedurfte ich nicht.

Haftberichte aus den 50er, 70er und 80er Jahren

1. Die 50er Jahre

Aussage des ehemaligen politischen Gefangenen Alfred Kuntzsch, Dreher, verhaftet im März 1953, niedergeschrieben im Oktober 1953[1]

Am 6. März d. J. [Gemeint ist das Jahr 1953 - D. Red.] unterhielten wir uns über den Tod Stalins. Ich machte hierbei etwa folgende Äußerungen: "Na, Gott sei Dank, daß der Krepel tot ist, hoffentlich bekommen wir nun die Einheit Deutschlands." Auch sonst machte ich wie alle meine Arbeitskollegen von der Freude über dieses Ereignis kein Hehl. Am nächsten Tage wurde in meiner Werkstatt von sämtlichen anwesenden Kollegen folgendes Lied gesungen: "Die Preise hoch, die Grenzen fest geschlossen, die Not marschiert mit ruhig festem Schritt, es hungern all die kleinen Genossen, die großen hungern nur im Geiste mit."
Zwei Tage später, am 9. März 1953, wurde ich allein von 3 Angehörigen des Staatssicherheitsdienstes im Betrieb verhaftet. Ich wurde mit einem Kraftfahrzeug zu der Dienststelle des Staatssicherheitsdienstes in Senftenberg, Schloßstraße, gebracht. Hier erfolgte zunächst eine körperliche Durchsuchung. Meine Kleidung wurde mir weggenommen. Ich erhielt lediglich Hemd, Hose und Arbeitsjacke. Nachdem ich einige Stunden im Keller eingesperrt war, wurde ich zur Vernehmung geführt. Diese erste Vernehmung dauerte 4 Stunden. Man hielt mir die Äußerungen über den Tod Stalins und das Lied vor. Als ich alles abstritt, wurde ich mißhandelt. Zwei SSD-Leute versetzten mir immer wieder Faustschläge ins Gesicht, so daß ich mehrere Male zusammenbrach und vom Stuhl fiel. Man suchte mich dann dadurch zum Geständnis zu bringen, daß man mir Zigaretten anbot und Haftentlassung versprach. Als auch das nichts half, gab es wieder Schläge. Schließlich wurde ich wieder zurück in meine Zelle gebracht. Beim zweiten Verhör suchte man meinen Widerstand dadurch zu brechen, daß man mir vorhielt, mein Arbeitskollege Manfred Schwenzer habe alles zu Protokoll gegeben. Ich glaubte dies zunächst

[1] Aus: Bundesministerium für Gesamtdeutsche Fragen /Hg.: Der Staatssicherheitsdienst - Ein Instrument der politischen Verfolgung in der SBZ, Bonn, Berlin 1962, S.199f.

nicht, mußte mich jedoch durch die Wiedergabe bestimmter Äußerungen und sonstiger Einzelheiten, die nur Schwenzer kennen konnte, von der Richtigkeit überzeugen. Außerdem hielt man mir ein von Schwenzer geschriebenes Schriftstück vor, in dem verschiedene politische Äußerungen von mir zum Teil unrichtig oder entstellt wiedergegeben waren. Ich habe die Schrift und Unterschrift Schwenzers, mit dem ich befreundet war, einwandfrei wiedererkannt. Als ich dennoch die mir vorgeworfenen Äußerungen nicht zugeben wollte, kam es zu erneuten Mißhandlungen, so warf mir z.B. der Leiter der SSD-Dienststelle Senftenberg einen Aschenbecher aus Glas mit solcher Gewalt an den Kopf, daß ich besinnungslos wurde. Mein Widerstand wurde schließlich damit gebrochen, daß man mir androhte, man würde auch meine Frau und meine Kinder inhaftieren, wenn ich nicht endlich ein Geständnis ablegen würde. Daraufhin gab ich alles zu. Ich wurde nun in der Nacht vom 11. zum 12. März zur Dienststelle des Staatssicherheitsdienstes nach Cottbus gebracht. Hier sollte ich am 12.3. vor einem angeblichen Untersuchungsrichter das Protokoll, das man von meiner Vernehmung in Senftenberg angefertigt hatte, mit der Erklärung unterschreiben, daß ich meine Aussagen freiwillig und ohne jeden Zwang gemacht habe. Ich weigerte mich und wies auf die erlittenen Mißhandlungen hin. Daraufhin wurde ich in eine fensterlose Kellerzelle von einem Meter im Quadrat und etwa 1,80 m Höhe gebracht. Hier mußte ich etwa 12-14 Stunden stehend zubringen, bis ich zusammenbrach. Mit Wasser wurde ich wieder vernehmungsfähig gemacht. Als ich erneut in die Zelle gebracht werden sollte, unterschrieb ich das mir vorgelegte Protokoll. Am nächsten Abend stellte man beim Fotografieren fest, daß ich besonders lichtempfindlich war. Man führte mich daraufhin mit entsprechenden Bemerkungen in einen Nebenraum. Hier wurde ich von zwei Scheinwerfern angestrahlt. Obwohl ich nach etwa 10 Minuten nichts mehr sehen konnte und unter starken Kopfschmerzen litt, und die SSD-Angestellten auf ein früheres Augenleiden, das meine Lichtempfindlichkeit verursachte, hingewiesen hatte, wurde ich etwa 4 Stunden lang unter die Scheinwerferbestrahlung genommen. Dasselbe wiederholte sich noch einmal für etwa 1-1 ½ Stunden. Ich konnte im Anschluß daran für längere Zeit nichts mehr sehen. Nach Abschluß der Vernehmungen wurde ich am 15. Mai zur Hauptverhandlung zum Bezirksgericht Cottbus überführt.

Erlebnisbericht des ehemaligen politischen Häftlings Karl Wilhelm Fricke, Journalist, entführt 1955, niedergeschrieben 1959[2]

Ich war 467 Tage in Untersuchungshaft, und zwar vom 1. April 1955 bis 29. Juni 1956 in dem Untersuchungsgefängnis Berlin-Hohenschönhausen, und vom 29. Juni bis 27. Juli 1956 in dem Untersuchungsgefängnis Berlin-Lichtenberg. Beide Gefängnisse unterstehen der Verwaltung des Ministeriums für Staatssicherheit.
Das Untersuchungsgefängnis Hohenschönhausen, in dem ich die meiste Zeit meiner Untersuchungshaft zubringen mußte, ist die zentrale Untersuchungshaftanstalt des Staatssicherheitsdienstes. Sie liegt inmitten eines Gebäudekomplexes verschiedener Dienst- und Gefängnisbauten und bestand zu meiner Zeit - es sollen inzwischen bauliche Veränderungen vor sich gegangen sein - aus insgesamt achtundsechzig Zwei- bis Vier-Mann-Zellen. Diese Zellen waren im Keller des zweistöckigen Gebäudes eingebaut. Lediglich die an Außenwände angrenzenden einundzwanzig Zellen hatten ein etwa 60 mal 90 Zentimeter großes vergittertes Fenster mit blinden Scheiben im oberen Drittel der Zellenhinterwand. Alle anderen Zellen waren fensterlos. Die fensterlosen Zellen wurden (und werden) Tag und Nacht von einer vertikal über der Zellentür in die Vorderwand eingelassenen Leuchte ausgestrahlt (die Tageslichtzellen nur bei Dunkelheit). Die Vernehmungsoffiziere nannten dieses Gefängnis zynisch das "Hotel zur Ewigen Lampe".
Außer den Kellerzellen existierten damals in diesem Gefängnis lediglich noch acht fensterlose Einzelzellen im Hochparterre, die für neu eingelieferte Häftlinge oder für in andere Gefängnisse zu überführende Untersuchungsgefangene benutzt wurden, und einige Arrestzellen. Die Räumlichkeiten über dem Keller dienten Bürozwecken, namentlich als Vernehmungszimmer. Mindestens fünfundzwanzig bis dreißig Vernehmungszimmer, wahrscheinlich sogar mehr, konnten gleichzeitig belegt werden. Im übrigen befanden sich im Keller die üblichen Wirtschaftsräume und sanitäre Anlagen, in den Obergeschossen die üblichen Diensträume, Wachlokal, Archiv und anderes.

[2] Aus: Bundesministerium für Gesamtdeutsche Fragen /Hg.: Der Staatssicherheitsdienst - Ein Instrument der politischen Verfolgung in der SBZ, Bonn, Berlin 1962, S. 213ff.

Die Zellen im Keller, die unterschiedlich zwei bis drei Meter breit und in der Regel ungefähr drei Meter tief, zweieinhalb Meter hoch waren, enthielten nichts außer einer hölzernen Gemeinschaftspritsche und einem eisernen Notdurftkübel. In die Wand eingebaut waren ein Zentralheizungskörper und ein schmaler Entlüftungskanal mit angeschlossener Ventilation. An der äußeren Zellenwand war ein Holzbord angebracht, in welchem für jeden Häftling Waschzeug und Seife aufbewahrt wurden, die morgens nach dem Wecken mit einer Schüssel voll Waschwasser kurz benutzt werden durften. Sonstige Waschgelegenheiten erhielten die Häftlinge tagsüber nicht, lediglich alle vierzehn Tage bestand eine Möglichkeit zum Duschen. Die Verpflegung der Häftlinge war zu jener Zeit qualitativ minderwertig und quantitativ unzureichend, kranke Häftlinge empfingen nur mit ärztlicher Zustimmung zusätzliche Kost oder Diät. Die Behandlung der Häftlinge durch die Wachtposten war für kommunistische Verhältnisse einigermaßen korrekt.
In Augenhöhe jeder Zellentür war ein Guckloch, ein "Spion" angebracht, was an sich nichts Ungewöhnliches in Gefängnissen ist; aber beim Staatssicherheitsdienst hatte es damit eine besondere Bewandtnis. Je nach Belegung des Gefängnisses waren nämlich damals und vermutlich auch heute in Hohenschönhausen vier bis sechs Posten, meist Unteroffiziere und Feldwebel, zur Bewachung der Häftlinge eingesetzt, die außen an den Zellentüren entlang schlichen und in Abständen von ungefähr zwei bis drei Minuten einen Blick durch das Guckloch warfen, um das Zelleninnere zu kontrollieren. Jedesmal beim Erscheinen an der Zellentür ließen die Posten ein akustisches Signal ertönen. Dieses Signal verursachten sie mittels des Metalldeckels, der den Spion von außen verschloß. Er war zungenförmig gearbeitet und an seinem oberen Ende beweglich auf einem Sockel an der Zellentür angenietet, so daß er entweder anderthalb bis zwei Zentimeter fächerartig abgehoben oder aber seitwärts verschoben werden konnte. Es war also möglich, entweder einen durch Abheben und Zurückfallenlassen des Deckels erzeugten Klopf- oder Knackton oder einen durch Reibung des Deckels auf seinem Sockel bewirkten Quietschton hervorzurufen. Die unvermeidliche Folge dieser scheinbar geringfügigen und nicht einmal lauten Signale war, daß den Häftlingen, vor allem jedem Einzelhäftling, unablässig die eigene "ausweglose" Situation in Erinnerung gebracht wurde. Die Kommunisten nennen diese Methode die "Technik der psychologischen Einkreisung" -

und treffen damit genau den Kern der Sache: Die Häftlinge werden innerlich zermürbt, sollen sich durch eigene Grübeleien auch selbst zermürben, indem sie - durch die Signale an der Zellentür fortwährend an ihre Lage erinnert - sich immer wieder gedanklich mit ihrem Schicksal befassen. Die Wirkung wird dadurch verstärkt, daß die Untersuchungshäftlinge beim Staatssicherheitsdienst für gewöhnlich nicht nur völlig isoliert von der Außenwelt leben, ohne Nachricht von ihren Angehörigen, ohne Verbindung zu Rechtsanwälten, sondern auch keinerlei Lektüre, weder Bücher noch Zeitungen oder andere Beschäftigungsmittel, zum Beispiel Schachspiele und ähnliches, ausgehändigt bekommen, so daß sie vor Langeweile beinahe sterben zu müssen glauben.
Bei der Bearbeitung meines "Falles" versuchte der für mich zuständige Oberleutnant, der allerdings nicht allein verantwortlich war für meinen "kollektiv" bearbeiteten Fall, sondern auf Weisung mehrerer an der Untersuchung meiner Sache beteiligter Offiziere handelte, mich zu einem "vollen Geständnis" zu bewegen. Gestehen sollte ich irgendwelche mir unterstellten illegalen konspirativen Beziehungen. Als ein Geständnis ausblieb, begann eine umfassende Untersuchung. Ich mußte Lebensläufe schildern, und die Untersuchung entwickelte sich streng logisch auf der Grundlage dieser Lebensläufe, meiner Zeitungsartikel, verschiedener Zeugenaussagen und zahlreicher Spitzelberichte, d.h. sie wandte sich systematisch den verschiedenen Problemen zu.
Von jeder Vernehmung verfertigte der Vernehmungsoffizier ein handschriftliches Protokoll, das in Dialogform abgefaßt war und jedesmal mit der Formel schloß: "Ich habe das Vernehmungsprotokoll selbst gelesen. Sein Inhalt entspricht in allen Teilen den von mir gemachten Aussagen. Meine Worte sind darin richtig wiedergegeben." Jedes Protokoll mußte nicht nur am Ende, sondern auch auf jeder einzelnen Seite unterschrieben werden, nachträgliche Änderungen waren am Rand besonders zu zeichnen. Von diesem handschriftlichen Protokoll ließ der Vernehmungsoffizier je nach dem Sachverhalt drei bis fünf maschinengeschriebene Ausfertigungen herstellen, die - unterzeichnet und vom Vernehmungsoffizier gegengezeichnet - auf die den Fall bearbeitenden Abteilungen aufgeschlüsselt wurden und als Grundlage regelmäßiger Besprechungen dienten, in denen jeweils die weitere Entwicklung der Untersuchung erörtert und festgelegt wurde.

Die Bemühungen, mit denen der Staatssicherheitsdienst ein Geständnis aus mir herauspressen wollte, beschränkten sich auf "kulturelle Methoden", d.h. auf Geständniserpressung unter Verzicht auf Mißhandlungen. Ich wurde nie physisch gefoltert.
Vielmehr begann meine Untersuchungshaft damit, daß ich vom 2. April 1955 an sieben Tage und sieben Nächte lang "verhört" wurde, in der Regel tagsüber von 13 bis 17 Uhr, nachts von 22 bis 6 Uhr morgens. In den Vormittagsstunden schlief sich der meinen Fall bearbeitende Vernehmungsoffizier gründlich aus, während ich selbstverständlich nicht schlafen durfte und bei den Kontrollen durch die Posten nicht einmal im Sitzen auch nur wenige Minuten schlafen konnte, wollte ich nicht unverzüglich "zur Ordnung" gerufen werden. Der Zweck dieser Tag-und-Nacht-Verhöre bestand darin, daß ich möglichenfalls in einem Zustand totaler Übermüdung Geständnisse ablegen würde, die ich im normalen Zustand, ausgeruht und ausgeschlafen, vermieden hätte. Als sich diese Erwartungen als unbegründet erwiesen, brachen die Kommunisten in der siebten Nacht, also in der Nacht vom 8. zum 9. April 1955, das Verhör gegen 3 Uhr morgens ab, da ich bereits völlig in Apathie verfallen und die Vernehmung längst zu einer sinnlosen und darum ergebnislosen Brüllerei des Vernehmungsoffiziers entartet war.
Nach solchen fruchtlosen Anstrengungen versuchte der Vernehmungsoffizier, unterstützt von einigen an der Bearbeitung meines Falles beteiligten Genossen, mich durch Versprechungen zum Verrat zu verführen beziehungsweise durch Drohungen zum Verrat zu nötigen. Mir wurde einerseits "Straffreiheit" angeboten, dazu eine "schöne Wohnung" nebst Möbelkredit und "gute Arbeit"; andererseits suchte man mich wiederholt damit einzuschüchtern und zu erpressen, daß ich mindestens "ein Dutzend Jahre" eingekerkert würde; als dies alles fehlschlug, glaubten die Kommunisten, mich mit dem Schicksal meiner Mutter erpressen zu können - was meinen Widerstand nur bestärkte; dann gingen sie dazu über, mich während der Vernehmungen in "Diskussionen" zu verwickeln, um so meine politische und moralische Gesinnung zu erschüttern, mich "umzudrehen". Als dies ebenfalls keinerlei positive Ergebnisse zeitigte, hielten es die Kommunisten für richtig, mich ein bißchen "schmoren" zu lassen.
Unter "Schmoren", auch "Weichkochen", wird im Jargon des Staatssicherheitsdienstes verstanden, einen Häftling unter den üblichen Bedin-

gungen der Untersuchungshaft wochen- und monatelang ohne jede Vernehmung zu lassen. Auf diese Weise verstärken sich die Wirkungen der "psychologischen Einkreisung" ganz erheblich, falls es dem Häftling nicht gelingt, sich selbst gedanklich zu beschäftigen und so die "psychologische Einkreisung" mit eigenen Kräften zu durchbrechen - was anfänglich allerdings einige Schwierigkeiten bereitet. Erstmalig ließen mich die Kommunisten von August bis Oktober 1955 "schmoren", häuften danach wieder die Vernehmungen, bis ich Mitte Dezember 1955 grundsätzlich jede Aussage verweigerte. Bis zu diesem Zeitpunkt hatte ich in meiner eigenen Sache immer wahrheitsgemäße Aussagen gemacht. Da ich niemals konspirativ tätig gewesen war, konnte ich mich auch logischerweise mit meinen Aussagen nicht nur nicht belasten, sondern sogar entlasten. Als aber die Kommunisten unter dem Vorwand, meine Sache zu klären, immer mehr dazu übergingen, durchaus nicht zur Sache gehörige Aussagen von mir zu verlangen, so etwa nähere Angaben über mir befreundete westliche Journalisten, verweigerte ich rundheraus jede Aussage, worauf mich die Kommunisten noch über ein halbes Jahr "schmoren" ließen, ohne freilich irgend etwas zu erreichen. Aus der Zeit nach Mitte Dezember 1955 liegt kein einziges Protokoll mehr von mir vor, obwohl sich meine Untersuchungshaft bis in den Monat Juli des Jahres 1956 hinzögerte, bis zu meiner Verurteilung.

Aussage (auszugsweise) des Flüchtlings Bruno Krüger, ehemals Vernehmungsoffizier des Staatssicherheitsdienstes in Schwerin, niedergeschrieben am 2. Dezember 1953[3]

Nach meiner Entlassung aus sowjetischer Kriegsgefangenschaft im Juni 1949 kam ich zur sowjetzonalen Volkspolizei. Meine Entlassung erfolgte erst zu dem Zeitpunkt, als ich mich bereit erklärt hatte, in die Volkspolizei einzutreten. Von hier aus wurde ich am 22.11.49 als Wachmann und Angehöriger der Volkspolizei zum Staatssicherheitsdienst nach Seebad Ahlbeck kommandiert. Im Dezember 1950 erhielt ich eine erneute Kommandierung direkt zum Staatssicherheitsdienst nach Schwerin und kam hier in die Landesdienststelle Mecklenburg. Ich war in der Abteilung IX - Untersuchungsabteilung - als Kommissar tätig. Ich wurde gleich als sogenannter Untersuchungsrichter eingesetzt. Mein Aufgabengebiet bestand darin, daß ich die Beschuldigten, die vom SSD festgenommen und zunächst von den operativen Abteilungen vernommen worden waren, abschließend vernahm und die Abschlußvernehmungen meinem Abteilungsleiter, zunächst Kommandeur Jung (echter Name Hagemeister), später dem Oberrat Mahnke, vorlegte. In unserer Abteilung wurde dann der Schlußbericht zu den einzelnen Vorgängen gefertigt und dieser der Abteilung I der Staatsanwaltschaft weitergeleitet.
(...)
Bevor die Akten durch den SSD über die Staatsanwaltschaft an das Gericht zur Durchführung der Hauptverhandlung abgegeben wurden, mußten sie darauf überprüft werden, welche Aktenbestandteile nicht an die Justiz übergeben werden durften. Diese Tätigkeit war eine der Hauptaufgaben der Untersuchungsabteilung. Es mußten alle Protokolle aus den Akten entfernt werden, aus denen sich irgendwie ein schlechtes Bild von dem SSD ergeben hätte. Es wurden weisungsgemäß auch alle Protokolle über Vernehmungen des Beschuldigten entfernt, in denen dieser seine Schuld an den ihm vorgeworfenen strafbaren Handlungen bestritten

[3] Aus: Bundesministerium für Gesamtdeutsche Fragen /Hg.: Der Staatssicherheitsdienst - Ein Instrument der politischen Verfolgung in der SBZ, Bonn, Berlin 1962, S. 216f.
Krüger wurde wenig später vom MfS entführt und am 4. August 1955 zusammen mit seiner Ehefrau Susanne vom Obersten Gericht der DDR zum Tode verurteilt. Beide wurden am 4. September 1955 in Dresden hingerichtet.

hatte. Nur die Protokolle, in denen der Beschuldigte geständig war, gingen über den Leiter der Untersuchungsabteilung an den Staatsanwalt und damit an das Gericht. Man wollte damit den Eindruck erwecken, als seien die Beschuldigten von vornherein geständig gewesen, man wollte auch dem Einwand begegnen, daß der Beschuldigte zunächst bestritten hätte, dann aber unter Drohungen oder Versprechungen oder unter den Auswirkungen stundenlanger Vernehmungen das Geständnis abgelegt hätte. Die Methode, einen Beschuldigten durch besonders lange Vernehmungen zu einem Geständnis zu veranlassen, war auch in Schwerin üblich. Auch ich selbst habe derartige Vernehmungen durchgeführt, zumal eine direkte Anweisung bestand, daß jeder Beschuldigte mindestens 60 Stunden vernommen werden mußte. Wir "Untersuchungsrichter" lösten uns bei diesen Dauervernehmungen mit Einverständnis des Abteilungsleiters ab. Aus Unterredungen ist mir der Fall einer Frau bekannt geworden, die länger als eine Woche Tag und Nacht ununterbrochen vernommen worden ist. Meine Kollegen hoben wiederholt die Zähigkeit dieser Frau hervor. Sie war während der Vernehmung ohnmächtig geworden, wurde wieder zu sich gebracht und die Vernehmung ging weiter. Ich selbst war an dieser Vernehmung nicht beteiligt. Die Vernehmungen wurden zum Teil trotz der langen Dauer so durchgeführt, daß der Häftling stehen mußte. Ich selbst habe Stehvernehmungen von kürzerer Dauer allerdings nur dann durchgeführt, wenn mein Abteilungsleiter erschien. Sämtliche Vernehmungen wurden nur nachts durchgeführt. Die Sowjets und die maßgeblichen SSD-Vorgesetzten waren der Ansicht, daß die Häftlinge nachts "am aufgeschlossensten" seien, d.h., daß sie am wenigsten widerstandsfähig seien.
Es wurde völlig einseitig von allen in Frage kommenden Instanzen und Vorgesetzten Wert darauf gelegt, den Beschuldigten irgendwie zu überführen und so viel belastendes Material zu ermitteln, wie irgend möglich. Entlastende Tatsachen oder Umstände zugunsten des Beschuldigten durften nicht ermittelt werden. Wenn es doch vorkam, daß ein Sachbearbeiter derartig entlastende Tatsachen in seinem Abschlußbericht anführte, so geschah dies ausschließlich zur eigenen Rechtfertigung und Deckung des Sachbearbeiters. Dieser kam dann eben in einem ihm zur Ermittlung übertragenen Fall nicht weiter und mußte nun, um nicht selbst von seiten des Abteilungsleiters oder der Sowjets Nachteile zu erleiden, auch den Beschuldigten entlastende Umstände anführen. Dies

geschah also niemals im Interesse einer echten Wahrheitsermittlung oder im Interesse des Beschuldigten, sondern deswegen, um nicht plötzlich als Agent zu gelten. (...)

2. Die 70er Jahre

Bericht des ehemaligen politischen Gefangenen Jürgen Emmrich, Mediziner, Festnahme 1971, niedergeschrieben 1993[4]

Es wurde mir (neben der Androhung von Schlägen) auch erklärt, daß ich niemals Kontakt zu meiner Familie oder anderen Personen bzw. einem Anwalt aufnehmen könne, wenn ich nicht zur Zufriedenheit des MfS aussagen würde. (...) Der permanente Reizentzug, sowohl optischer als auch akustischer Art, ließ einen vereinsamen und lethargisch werden. Man hatte keinerlei Kontakt zur Außenwelt. Dreimal am Tage öffnete sich die kleine Klappe in der Zellentür, durch die das Essen hereingeschoben wurde. Für 15 Minuten wurde man täglich in einen Käfig geführt, der 3 x 3 Meter maß und von einer drei Meter hohen Mauer umgeben war und in dem man allein war. Das Ganze wurde Freistunde genannt. (...) Man machte mir klar, daß man doch am längeren Hebel säße. Wir machen Sie so fertig, daß Sie eines Tages jedes Protokoll unterschreiben! (...) zumal man gelegentlich auch Schreie von Gefangenen hören konnte, die offenbar geschlagen wurden. (...) Kaum wich die Antwort auf eine Frage, die schon vor Monaten in demselben Wortlaut gestellt wurde, von dem ab, was damals zu Protokoll gestellt wurde, setzten neue lange quälende Verhöre ein. Die Konzentration ließ nach. Der Wachposten machte nachts alle zehn Minuten ein grelles Licht über der Zellentür an und schlug mit dem Schlüsselbund an die Tür. Der Gefangene hatte sich dann mit dem Gesicht zur Tür zu legen. (...) Nach einem dreiviertel Jahr durfte ich einen Rechtsanwalt beauftragen. Das erste Gespräch mit diesem dauerte eine halbe Stunde. Es war verboten, über die sogenannte Straftat und über die Haftbedingungen zu sprechen. (...) Verteidigungsmittel wie das Strafgesetzbuch oder Papier- und Schreibgerät waren verboten. (...) Mein Anwalt bekam ebenfalls keine Anklageschrift ausgehändigt. (...) Es war immer ein Spitzel in der Zelle.

[4] Aus: Bundesministerium der Justiz (Hg.): Im Namen des Volkes? Über die Justiz im Staat der SED. Wissenschaftlicher Begleitband zur Ausstellung des Bundesministeriums der Justiz, Leipzig 1994, S. 252ff.

Bericht des ehemaligen politischen Gefangenen Matthias Bath, Student in West-Berlin, Festnahme 1976, niedergeschrieben 1979[5]

(...)
Ich nahm an dem Konferenztisch Platz, wo ich die nächsten 16 Stunden verbringen sollte. Mittlerweile war es 23.00 Uhr geworden.
(...)
Das Gespräch verlief jedoch ohne greifbares Ergebnis für meine Befrager, da ich alle konkreten Angaben verweigerte. Die Offiziere schienen aber nicht sonderlich enttäuscht und beschränkten sich, nachdem sie auch auf wiederholte Fragen keine Antwort erhielten, darauf mir eindringlich "ins Gewissen zu reden". Ich sei doch noch jung; ich solle mir mein Leben nicht "versauen"; ich würde schon noch zur Überlegung kommen. Und drohend: helfen könne mir hier aus dem Westen sowieso niemand, und die "Untersuchungsorgane" (gemeint ist das MfS) würden schon aus mir herauskriegen, "was Sache sei". Damit endete das Gespräch. Oberleutnant und Major verschwanden. Ich blieb unter Aufsicht des Unterleutnants, der es in der Folge darauf anzulegen schien, mich durch Sticheleien zu provozieren, in dem Büro zurück.
Gegen 0.30 Uhr betraten zwei Zivilisten den Raum, schickten den Unterleutnant fort und begrüßten mich mit den Worten: "Nu' wollen wir uns mal unterhalten, aber gefälligst anständig." Auf meine Frage, wer sie seien, antworteten sie, daß sie Mitarbeiter der "Untersuchungsorgane" seien. Das MfS hatte mich in seine Fänge genommen.
Meine beiden Vernehmer traktierten mich nun mit den gleichen Fragen wie schon zuvor die Grenzoffiziere. Die Gesprächsführung übernahm dabei der jüngere der beiden, ein mittelgroßer Mann, etwa 35, kurzes blondes Haar, bekleidet mit heller Hose, weiß-grün gemustertem Hemd und grünem Schlips. Der Ältere, Mitte 40, groß und breit - sozusagen ein Schrank -, kurzes dunkles Haar; er trug einen der in der DDR weitverbreiteten nichtssagenden grauen Anzüge, darunter ein helles Netzhemd; hielt sich zunächst mehr im Hintergrund. Da ich mich lediglich über die Motive meiner Handlung äußerte und weiterhin alle konkreten Angaben zur "Tat" verweigerte, vereiste der Ton der Vernehmung schnell. Daß ich meine Handlung mit der Unterdrückung politisch Andersdenkender

[5] Aus: Matthias Bath: 1197 Tage als Fluchthelfer in DDR-Haft. Berlin 1987. (Mit freundlicher Genehmigung des Verlages Haus am Checkpoint Charlie)

in der DDR und der daraus bei mir folgenden Ablehnung der Gesetzlichkeit der DDR insbesondere der Passagen über “Staatsverbrechen” sowie des Grenzregimes begründete, brachte mir wie zu erwarten ebenfalls keine besondere Sympathie ein. Die Vernehmung drehte sich im Kreis. So vergingen mehr als zwei Stunden.
Jetzt schaltete sich auch der Ältere zunehmend in die Vernehmung ein, die immer aggressiver wurde. Man machte mich in rüdem Ton darauf aufmerksam, daß ich mit meinen Vernehmern allein sei. Was immer auch hier geschehen möge, es stünden letztlich zwei Zeugenaussagen gegen eine. Die Gerichte würden ohnehin eher der “Staatssicherheit” als einem “Element” wie mir Glauben schenken. Plötzlich brüllte mich der Ältere an: “Stehen Sie auf, Mann! Was bilden Sie sich eigentlich ein, wo Sie hier sind!” Ich stand erschrocken auf und rechnete insgeheim schon damit, im nächsten Moment unter den Tisch “gefegt” zu werden. Aber es prasselte lediglich eine Flut von Beschimpfungen auf mich herab. “Sie Wurm, Sie Niete, Sie Versager Sie, was glauben Sie eigentlich, wer Sie sind?”, war nur einiges, was ich zu hören bekam. Das ging mehrere Minuten so. Immer noch stehend hörte ich mir dann zum wiederholten Mal die bis jetzt unbeantwortet gebliebenen Fragen an. Da ich inzwischen wieder etwas ruhiger geworden war, lehnte ich auch weiterhin die Beantwortung ab. So stand ich etwa eine Viertelstunde. Schließlich sagte der Vernehmer in widerwilligem Ton: “Na los, setzen Sie sich wieder hin!” Die Schockphase war überstanden.
Man kam mir wieder väterlich. Beide redeten auf mich ein, ich solle an meine Zukunft und an meine Angehörigen denken. Wenn ich nun auch bestraft würde, so wolle ich doch wohl möglichst billig davonkommen. Ich solle mir gründlich überlegen, ob ein umfassendes Geständnis nicht das Beste in meiner Lage wäre. Auch diese Phase dehnte sich ergebnislos über mehrere Stunden. Gegen 4.30 Uhr bot man mir etwas zu essen an. Der ältere Vernehmer verließ das Zimmer, um Anweisung dafür zu geben. Schließlich kam er wieder und servierte mir falschen Hasen mit Kartoffeln und Karotten. Das schon kalte Essen schmeckte zwar nicht besonders, aber ich aß trotzdem mit Heißhunger. Während des Essens wurde die Vernehmung unterbrochen. Auch die Vernehmer verließen mehrfach den Raum. Gelegentlich erschienen dafür aber andere Zivilisten, um meinen Vernehmern vor der Tür etwas mitzuteilen.

Nach dem Essen zeigten sich beide Vernehmer sehr gelassen und überlegen. Ihren Fragen konnte ich entnehmen, daß sie nun schon etwas mehr wußten.
(...)
Man befragte mich nun mehrere Stunden lang über die Fahrt und deren Vorbereitungen. (...) Sein Kollege fing nun an, meine Aussagen in Form eines Frage-Antwort-Spiels niederzuschreiben. So entsteht für den Leser eines derartigen Protokolls der Eindruck, es handele sich um die authentische Wiedergabe des Vernehmungsgesprächs. Tatsächlich aber ist jedes derartige Protokoll vom Stil des Vernehmers geprägt und weicht auch manchmal von den tatsächlichen Aussagen ab.
Der Vormittag dehnte sich für mich über der Abfassung des Protokolls endlos. Gelegentlich mußte ich noch eine Frage beantworten, aber die meiste Zeit kratzte nur der Federhalter des Vernehmers über das Papier. Ich hatte die ganze Nacht kein Auge zutun können und fühlte mich entsprechend. Um mich zu beschäftigen, so der Vernehmer, sollte ich meinen Lebenslauf niederschreiben. (...) In der Folge beschäftigte er sich wieder mit der Niederschrift des Protokolls. Gegen 13.00 Uhr war er endlich damit fertig, und ich bekam es zur Unterschrift vorgelegt, jede Seite einzeln. Änderungswünsche selbst untergeordneter Art wurden von vornherein abgeblockt. "Das können Sie ja alles später viel genauer erzählen." Am Ende der letzten Protokollseite fand ich einen zu unterschreibenden Revers, daß ich während der Vernehmung korrekt und höflich behandelt worden sei und zu essen bekommen habe. Unter Hinweis auf die Ereignisse während der nächtlichen Vernehmung lehnte ich zunächst eine Unterzeichnung dieses Vermerks ab. (...) Schließlich ließ ich mich breitschlagen und unterschrieb auch diesen nicht ganz zutreffenden Passus. Ich ging dabei aber auch davon aus, daß in meiner Zwangslage meiner Unterschrift ohnehin kein richtiges Gewicht beizumessen sei. Damit war die offizielle Erstvernehmung beendet.
(...)
Er riet mir schließlich fast wohlwollend, doch meinen Sprachgebrauch auf die "richtigen" Terminologien umzustellen. "Ost-Berlin gibt es nicht. Das heißt Berlin, Hauptstadt der DDR oder einfach Hauptstadt." Meine Bemerkung, daß die Betonung von Formalien Unsicherheiten offenbare, verärgerte ihn sichtlich. (...) "(...) Und im übrigen rate ich Ihnen, sich zu benehmen, aber das wird man Ihnen ja schon im Laufe der Zeit bei uns

beibringen. Warten Sie 'mal ab, bis sie im Vollzug sind!" Mit diesen Worten verließ er den Raum.

(...)

Nach dem Essen machte sich bei mir immer stärker die Müdigkeit bemerkbar. So hockte ich auf einer der Pritschen und hoffte, daß bald Schlafenszeit würde. Draußen war es schon längst dunkel, aber hier drinnen zog sich die Zeit endlos hin. Schließlich hörte ich es klingeln. Ein Posten bedeutete mir daraufhin durch die Tür, dieses Signal bedeute "Fertigmachen zur Nachtruhe". Sobald es ein zweites Mal geklingelt habe, würde er das Licht ausschalten. Morgens würde auf die gleiche Weise wieder geweckt.

(...)

Abwechselnd lief ich in der Zelle auf und ab oder hockte trübsinnig auf der Pritsche oder dem Schemel und überlegte, wie spät es wohl sein möge. So vergingen einige Stunden.

Dann wurde meine Zelle aufgeschlossen. Ein Oberfeldwebel wies mich an, herauszukommen. Auf dem Gang mußte ich mich mit dem Gesicht zur Wand stellen, während er die Zelle wieder abschloß. Dabei fiel mir auf, daß an der Wand in Brusthöhe eine lose elektrische Leitung verlief, die durch in die Wand eingelassenen Ringe gehalten wurde. Etwa alle 5 Meter waren die Kabel durch Bananenstecker miteinander verbunden. Später hörte ich, daß diese Reißleitung in Eventualfällen zur Alarmierung der schwer bewaffneten Hauswache durch die Posten diente. Mit den Worten "Kommen 'Se!" bedeutete mir der Schließer, ihm zu folgen. Nach wenigen Metern bog der Gang um eine Ecke. Davor befand sich auf dem Boden ein weißer Strich, an dem ich warten mußte. Der Oberfeldwebel schaute um die Ecke, ob der Gang frei sei, betätigte dann eine rote Signallampe, die den Gang wohl für Transporte anderer Gefangener sperrte, und wies mich an, weiterzugehen. Wir stiegen eine Treppe aufwärts und folgten weiter dem Gang. Bei jeder Richtungsänderung mußte ich an weißen Strichen warten, bis sich der Posten überzeugt hatte, daß der Weg für uns frei und für andere gesperrt sei. Wir passierten am Ende des Zellenganges im ersten Stockwerk eine große Stahltür und befanden uns wieder in einem düsteren Korridor mit Bürotüren an beiden Seiten. Nachdem wir noch einmal rechts abgebogen waren, hielten wir schließlich fast am Ende des Ganges vor einer dieser Bürotüren. Ich mußte mich wieder mit dem Gesicht zur Wand drehen. Mein Beglei-

ter klopfte an, öffnete die gepolsterte Doppeltür und befahl mir einzutreten. Vor mir lag ein kleiner Büroraum mit vergittertem Fenster, durch das man ein nur wenige Meter entferntes zweites graues Gebäude erblickte, dessen vergitterte Fenster ebenfalls mit Glasbausteinen zugemauert waren. Hinter einem Schreibtisch saß ein vielleicht 26 Jahre alter Mann mit dunklem, gekraustem, nach hinten gekämmtem Haar.
(...)
Im Zimmer befanden sich außerdem noch ein Stahlschrank und ein Regal.
(...)
Da meine Festnahme bereits am 9. April erfolgte, also zwei Tage, bevor ich dem Haftrichter vorgeführt wurde, lag hier eine Verletzung der DDR-Bestimmungen durch die eigenen zuständigen Stellen vor. Als ich später meinen Vernehmer darauf aufmerksam machte, tat dieser erstaunt: "Wie kommen Sie denn darauf? Das ist mir aber völlig neu! Da müssen Sie sich wohl irren!" Was sollte ich machen, den Text der StPO enthielt man mir während der gesamten Untersuchungshaft vor.
(...)
Dieser Vorfall zeigt, wie ernst die DDR-Organe ihre eigenen Gesetze nehmen, und wie es um die Rechtssicherheit in der DDR bestellt ist.
(...)
Am Nachmittag geschah nichts mehr. Stumm zogen sich die Stunden hin. Ich saß und brütete vor mich hin oder lief auf und ab, jeweils fünf Schritte. Gelegentlich stierte ein Auge durch den Türspion. Durch die Glasbausteine versuchte ich den Stand der Sonne auszumachen, aber der Erfolg war gering. (...) Nach dem Abendessen begann es draußen zu dämmern und wurde schließlich dunkel. Wieder zogen Stunden dahin. Was ich im einzelnen gedacht habe, weiß ich heute nicht mehr, wahrscheinlich, wie lange ich wohl dort bleiben müsse, was meine Angehörigen, Eltern und Geschwister im Moment machen würden und wie ich das alles überstehen würde. Endlich tönte das Klingelsignal zur Nachtruhe. Im Vergleich zum Vorabend fand ich die Pritsche heute wesentlich unbequemer. Auch nachdem das Licht ausgegangen war, und nur noch ein bläulicher Scheinwerfer, durch die Glasbausteine gefiltert, den Raum in ein gespenstisches Licht hüllte, wälzte ich mich noch lange hin und her. Alle paar Minuten wurde vom Gang her das Notlicht über der Tür sekundenlang angeschaltet, wohl um nachzusehen, ob ich noch da sei, noch lebe oder was sonst. Jedenfalls störte es.

(...)
Dann wurde ich erstmals zur "Freistunde" geholt. Es ging ein paar Stufen hinab auf einen leeren, gepflasterten Hof. Auf der gegenüberliegenden Seite des Hofes lagen nebeneinander wie Zellentüren an die 10 Türen. Wir gingen über den Hof und auf eine noch offene Tür zu. Dahinter lag mein "Freihof". Man muß ihn sich als eine kleine Garage vorstellen, deren Wände allerdings 4-5 Meter hoch sind. An Stelle des Garagendaches befindet sich in ca. 5 Meter Höhe ein engmaschiges Drahtgitter. Die "Garageneinfahrt", die Seite, wo sich die Eingangstür befindet, ist nur etwa 3 Meter hoch. In dieser Höhe verläuft hier ein Steg aus Drahtrosten, auf dem uniformierte Posten auf und ab gehen. Ich durfte nun in meinem "Käfig" ebenfalls auf und ab gehen oder auch im Kreis herum. Um mich herum befanden sich meterhoch graue Rauhputzwände. Sonne und Himmel sah ich, wenn ich die Augen hob, nur wie durch ein Sieb. Beobachtet wurde ich von der Galerie durch Posten, die, wenn ich mich an der Tür befand, direkt über meinem Kopf herumtrampelten. Auch hier war ich allein. Alles war ungemein deprimierend. Ich kam mir wie in einem Zwinger vor. Nach vielleicht 20 Minuten derartiger "Bewegung im Freien" brachte man mich wieder zurück in meine Zelle.
(...)
Wieder in meiner Zelle wartete ich auf das Essen. Plötzlich wurde dröhnend meine Zellentür geöffnet. Herein stürmten zwei uniformierte Offiziere, ein Oberleutnant und ein Leutnant. In aggressivem Ton wiesen sie mich an, auf der Pritsche Platz zu nehmen. Während der Leutnant in der Nähe der Tür stehen blieb, rückte der Oberleutnant sich den kleinen Fenstertisch zurecht, holte eine Kladde hervor und begann, meine persönlichen Daten abzufragen.
(...)
Den Nachmittag verbrachte ich wieder allein, konnte mir die Zeit aber mit der Lektüre der Anstaltsordnung etwas verkürzen. (...) Immer schmerzlicher wurde mir nun meine Isolation bewußt. Ich hatte nichts zu lesen, nichts um mich irgendwie zu beschäftigen und auch niemand, mit dem ich reden konnte. Die Posten auf den Gängen, sie waren wohl Angehörige des MfS-Wachregiments "Feliks Dzierzynski" und zum Großteil noch jünger als ich, beschränkten sich auf wortlose Gesten oder kurze Befehle. Als einziger Gesprächspartner bot sich der Vernehmer an, der aber zugleich mein gefährlichster Gegner war. Zum erstenmal überlegte ich, was wohl gewisse Leute im Westen, die gerne den Begriff "Isola-

tionsfolter" im Munde führen, sagen würden, wenn es eine derartige Unterbringung von Häftlingen in Zellen, die nicht einmal ein richtiges Fenster aufwiesen, auch im Westen gäbe. Der Abend wurde mir noch länger als der gestrige. Auch mit dem Einschlafen hatte ich wegen der ständigen, störenden Lichtkontrollen große Schwierigkeiten.

(...)

In der "Freistunde" versuchte ich erstmals etwas vom Gebäude der Haftanstalt zu erkennen. Ich sah ein mehrstöckiges grau verputztes Gebäude mit flachem Dach. Die blinden Fensterhöhlen waren zusätzlich zu den Glasbausteinen von außen noch vergittert. In jedem Stockwerk war lediglich neben der Treppe ein Zimmer mit vergitterten Flügelfenstern, offenbar die Wachstube. Der Bau sah nicht alt aus. Er mochte wohl erst nach dem letzten Krieg entstanden sein.

(...)

Beim Vernehmer erhielt ich heute die Protokolle der letzten beiden Tage zur Unterschrift vorgelegt. Erneut fiel mir dabei auf, daß sie nicht entsprechend meinen zusammenhängenden Aussagen, sondern in Dialogform als Fragen und Antworten niedergeschrieben waren, wobei der "Dialog" nur sehr indirekt das tatsächliche Vernehmungsgespräch wiedergab. Mir schien, daß die Protokolle vorher nach Plan ausgearbeitet waren und die Aussagen nur noch in die vorgegebene Form gepreßt wurden. So treten alle belastenden Momente hervor, während alles Entlastende als unwichtig erscheint.

(...)

Mein Vernehmer ("Sie können mich mit ‚Herr Unterleutnant' anreden") war über meine Fragen zur Art des Protokolls nicht sonderlich erfreut. "Das ist hier so üblich", bemerkte er nur.

(...)

Anschließend wurde ich eingehend über meine Motive, Fluchthilfe zu leisten, befragt. Dabei gerieten wir ins politische Debattieren. Gerade als die Wellen besonders hoch schlugen, öffnete sich die gepolsterte Doppeltür des Zimmers, und ein hagerer Mann von etwa 40 Jahren trat ein. Er war mittelgroß, hatte schütteres, sehr kurzes Haar, trug eine dünnrandige Brille und wirkte wie ein Intellektueller. Bei ihm schien es sich um einen höheren Vorgesetzten zu handeln, wie ich dem Verhalten des Vernehmers entnahm, der eilfertig aufstand und auch mich nötigte, mich zu erheben. Der Neuankömmling erkundigte sich nach dem Stand der Vernehmung, stellte mir dann einige Fragen politischer Art zu dem gerade akuten Streitpunkt und verwickelte mich in eine sehr unsachliche Diskussion. (...) Dieser Obervernehmer beherrschte gut die Klaviatur menschlicher Verhaltensweisen. Mal drohte er, mal mahnte er, scheinbar um mich besorgt, mal bluffte er aber auch oder versuchte, durch Fangfragen zu überrumpeln.

Ich fragte an diesem Tag auch den Vernehmer, wann ich auf der Zelle etwas zu Lesen erhalten würde, und bekam zu hören: “Das muß der Staatsanwalt erst noch entscheiden. Ich werde mit ihm sprechen.” Übrigens verschanzte sich mein Vernehmer oft bei Fragen wie dieser, die er in eigener Kompetenz zu meinen Gunsten entscheiden konnte, aber mir wohl nicht bewilligen wollte, hinter dem ominösen Staatsanwalt. Doch dahinter kam ich erst später.

Nachmittags dehnten sich die Stunden wieder endlos, aber lange nach dem Abendessen hörte ich plötzlich an der Wand meiner rechten Nachbarzelle ein Klopfen. Große Freude erfüllte mich: Ich war doch nicht völlig allein; zumindest ein Mensch befand sich in unmittelbarer Nähe und in der gleichen Situation. Zuerst lauschte ich bloß. Dann klopfte ich hastig ebenfalls an die Wand. Das Klopfgeräusch verstärkte sich. Zunächst schien es mir völlig willkürlich und ohne System. Dann stellte ich fest, daß ein bestimmter Rhythmus geklopft wurde. Nach einiger Zeit erwiderte ich diesen. Daraufhin ging das Klopfen zu einem monotonen Gleichmaß über. Dumm, wie ich war, konnte ich damit allerdings nichts anfangen und erwiderte auch dieses. Eine sinnvolleVerbindung kam so nicht zustande. Zudem ging plötzlich die Türklappe auf, und der Kopf eines Feldwebels wurde sichtbar. Ich wurde barsch angefahren, von der Wand zu verschwinden. Das schüchterte mich zum damaligen Zeitpunkt noch sehr ein. So beschränkte ich mich darauf, gelegentlich zaghaft bei meinem unbekannten Nachbarn anzuklopfen, der sich in den nächsten Tagen auch regelmäßig meldete, bis er wohl erkannte, daß ich des Klopfens unkundig und eine Verbindung mit mir unfruchtbar sei. Dennoch brachte mir dieser Kontakt zum damaligen Zeitpunkt sehr viel. Wenngleich mir auch der Verstand schon vorher sagte, daß ein derartiges Haus bestimmt nicht für eine einzige Person allein bestimmt sei, so fehlte doch der Beweis dafür, und unterschwellig nagte die Furcht an mir, ganz allein zu sein. Nun war der Beweis gegeben, und geteiltes Leid ist halbes Leid. (...)

Die Isolation in den ersten Wochen war, abgesehen vom Klopfen mit der Nachbarzelle, vollkommen. Die Zellen waren schalldicht. Man bekam kaum mit, was auf dem Gang geschah. Weder auf den Gängen noch in der Hofzelle traf man andere Gefangene. Längere Gespräche konnte man nur mit dem Vernehmungspersonal führen. Beinahe freute man sich daher nach längerer Isolierung auf die nächste Vernehmung. Die Vernehmer waren sich natürlich ihres "Kommunikationsmonopols" voll bewußt und nutzten es für ihre Zwecke weidlich aus. Es ist schon paradox, daß der schlimmste denkbare Gegner zugleich zum Hauptgesprächspartner wird, bei labilen Inhaftierten vielleicht sogar zum echten Partner.

(...)

Die Zwangslage, in der man ohnehin bei diesen Vernehmungen steckt, wird durch bestimmte strafprozeßrechtliche Bestimmungen der DDR verstärkt. So erhält man erst, wenn es den "Untersuchungsorganen" recht ist, die Möglichkeit, mit einem Anwalt Kontakt aufzunehmen. Dieser hat nicht das Recht, eigene Ermittlungen durchzuführen, sondern ist weitgehend auf das ihm von der Staatsanwaltschaft und den "Untersuchungsorganen" zur Verfügung gestellte Material angewiesen. Mein Vernehmer sagte einmal zu mir: "Ihr Anwalt befindet sich auf freiem Fuß und besitzt juristische Fachkenntnisse. Ansonsten hat er die gleichen Rechte und Möglichkeiten wie Sie." Das drückt wohl treffend aus, was man von der Verteidigung im gerichtlichen Verfahren in der DDR erwarten kann. Die Strafprozeßordnung der DDR besagt ferner in § 8, daß der Beschuldigte das Recht zur Mitwirkung an der "allseitigen Feststellung" der Wahrheit besitzt. Darüber, daß dieses Recht auch als Pflicht zu interpretieren ist, wurde mit mir am 24. April 1976 eine Rechtsbelehrung in Form eines gesonderten Protokolls durchgeführt. Sollte man immer noch keine befriedigenden Aussagen machen, kann man durch die Deklarierung der Vernehmung als "Vernehmung des Beschuldigten als Zeugen" nach den §§ 25, 26, 27 StPO aussagepflichtig gemacht werden. Ein Recht zur Aussageverweigerung besteht bei "Staatsverbrechen", zu denen Fluchthilfe gehört, nicht. Wer auch hier die Aussage verweigert, kann schon allein deswegen gemäß § 225 StGB strafrechtlich belangt werden.

(...)

Um meinen guten Willen zur "allseitigen Feststellung" der Wahrheit zu zeigen, brachte ich auch irgendwelche Ausarbeitungen zu Papier.

(...)

So verging die Zeit bis Mitte Mai 1976. Nach fast fünf Wochen befand ich mich noch immer in völliger Isolation. Bis jetzt hatte ich auch noch keine Zeitung erhalten, da der "Staatsanwalt" noch nicht entschieden hatte, ob man mir diese "ohne Gefährdung des Zwecks der Untersuchungshaft" zugänglich machen könne. (...) Wie um mich zusätzlich zu verhöhnen, überreichte mir nun der Vernehmer, nachdem ich meinen Brief gerade abgegeben hatte, den ersten Brief meiner Eltern. Nur nach vielem Hin und Her erhielt ich meinen Brief noch einmal zurück, um wenigstens mit einem kurzen Postskriptum auf den erhaltenen Brief antworten zu können. Als ich danach auf meine Zelle zurückgebracht wurde, war ich ziemlich fertig.

(...)

Als die Tür geöffnet wurde, sah ich in dem nun vor mir liegenden Raum einen etwa 25jährigen Mann stehen, gleich mir mit einem blauen Trainingsanzug bekleidet. Der erste Mitgefangene!

(...)

3. Die 80er Jahre

Bericht der ehemaligen politischen Gefangenen Monika Tischoff, Lektorin, Festnahme: 1981, niedergeschrieben im April 1986[6]

(...)
Die Untersuchungshaft beim MfS wird unter weitaus höheren Sicherheitsvorkehrungen als in den VP-Untersuchungshaftanstalten durchgeführt. Ich befand mich während meiner 15monatigen Untersuchungshaft erstens in der Untersuchungshaftanstalt des MfS in Leipzig, Dimitroffstraße, zweitens in der zentralen MfS-Untersuchungshaftanstalt Berlin-Hohenschönhausen sowie drittens im Haftkrankenhaus des MfS in Berlin-Hohenschönhausen.
Das MfS-Untersuchungsgefängnis Leipzig liegt im Innenhof des Gebäudes der Volkspolizei-Bezirksbehörde und ist nur durch das Passieren dieses Gebäudes erreichbar. Die Zellen dieser Untersuchungshaftanstalt weisen die üblichen Abmessungen auf (3 x 2,5 m), bestückt mit zwei Holzbetten, einem Tisch, zwei Hockern, einer Toilette und einem Waschbecken. Das Fenster der Zellen besteht aus Glasbausteinen, um den Blick nach draußen und umgekehrt zu verwehren. Die Glasbausteine sind versetzt angeordnet, um eine Be- und Entlüftung zu ermöglichen. Dieser sogenannte Belüftungsschacht kann mittels einer Holzklappe verschlossen werden. Vor den Glasbausteinen, also außen, befindet sich ein stabiles Eisengitter. In den Türen der Zellen sind "Spione" eingebaut, die mittels einer Klappe die Kontrolle des Zelleninneren ermöglichen, was nach meinen Erfahrungen in Abständen von 3 bis 5 Minuten erfolgte.
In den Untersuchungshaftanstalten hat der Beschuldigte anstaltseigene Kleidung zu tragen, bestehend aus einem Trainingsanzug und dazugehöriger Wäsche. Sämtlicher Schmuck wird abgenommen und zu den Effekten gelegt, den Frauen auch der Haarschmuck (Spangen usw.). Es gibt nur Plastikgeschirr und Plastikbesteck, Aufzeichnungen in der Zelle sind verboten. Mehrmals wöchentlich wird die Zelle kontrolliert. Der Häftling selbst muß sich auf Anordnung entkleiden und seine Kleidungsstücke zur Kontrolle übergeben.

6 Aus: Karl Wilhelm Fricke: Zur Menschen- und Grundrechtssituation politischer Gefangener in der DDR, Köln 1988, S. 181ff.

Geweckt wird in der U-Haft um 6 Uhr, die Nachtruhe beginnt im allgemeinen um 21 Uhr. Während der Nachtruhe finden regelmäßig Sichtkontrollen statt. Bei Vernehmungen beginnen diese zumeist gegen 8 Uhr, enden gegen 12.30 Uhr. Dann hat der Gefangene ca. eine Stunde Mittagspause. Danach werden die Vernehmungen bis ca. 17 Uhr fortgesetzt. Dem Beschuldigten steht täglich ein 30minütiger Aufenthalt an der frischen Luft zu. Er kann jedoch von diesem Recht nur Gebrauch machen, wenn er nicht vernommen wird. Mir z.B. ging es in der Untersuchungshaftanstalt in Leipzig so, daß ich von den 13 Tagen meines Aufenthaltes dort auf Grund der vielen Vernehmungen nur viermal an die frische Luft gehen konnte. Zudem hatte ich anfangs drei Nachtvernehmungen mit anschließenden stundenweisen Tagverhören. Es liegt im Ermessen des jeweiligen Untersuchungsführers (Vernehmers), dem Beschuldigten während der Vernehmungen Getränke und Zigaretten anzubieten. Das geschieht, wenn er aussagewillig ist. In den Untersuchungshaftanstalten des MfS wird mit vielfältigen psychologischen Mitteln und Methoden gearbeitet, um brauchbare Aussagen aus dem Beschuldigten herauszupressen.
Die Zuführung des Beschuldigten zum Untersuchungsführer erfolgt stets durch einen diensthabenden Posten. Durch Ampelanlagen wird die Zuführung entweder freigegeben (grün) oder gestoppt (rot). Untersuchungsgefangene dürfen sich untereinander nicht sehen und sprechen, es sei denn, U-Häftlinge wurden in eine Zelle zusammengelegt. Die Verbindungsaufnahme durch Klopfen und Rufen zu anderen Gefangenen ist bei Strafe verboten und wird z.B. in der U-Haft des MfS in Berlin-Hohenschönhausen im Wiederholungsfall mit Gummizelle bestraft. Das ist eine Zelle im Keller des Gebäudes, die völlig isoliert von anderen Zellen und sonstigen Räumlichkeiten liegt. Sie ist an den Wänden und der Decke mit einer Masse abgedichtet, die den Schall dämpft und eine Kontaktaufnahme unmöglich macht. Das kleine Fenster dieser Zelle ist verhangen, so daß der Blick nach draußen nicht möglich ist und die Zelle vollkommen im Dunkeln liegt.
Lichtkontrollen erfolgen mittels einer hinter einem Gitter liegenden Wandlampe. In diese Zelle wird man mit wenig Bekleidung gesperrt, um zu verhindern, daß der Gefangene mit Hilfe der Kleidung Suizidversuche unternimmt. Die illegale Verbindungsaufnahme wird außerdem mit Schlafentzug (Strafstehen des nachts in Duschräumen), vorübergehendem Entzug der Schreibgenehmigung zu Angehörigen, Einkaufsreduzie-

rung oder Wegfall des Einkaufs und in hartnäckigen Fällen mit Langzeitarrest bestraft. Es wird auch von der Möglichkeit Gebrauch gemacht, eine Besuchersperre der Angehörigen auszusprechen. In der Regel hat der Gefangene einmal monatlich dreißig Minuten Sprecherlaubnis mit seinen Angehörigen. Es sind aber höchstens zwei Angehörige zugelassen.

Während dieser Zeit darf der Gefangene mit seinen Angehörigen über persönliche Probleme sprechen, nicht aber über seine strafbare Handlung oder über Personen, die in diese strafbare Handlung mitverwickelt sind. Der Untersuchungsführer oder ein von ihm beauftragter Mitarbeiter der Untersuchungshaftanstalt sind während der "Besuchsdurchführung" mit im Raum und verfolgen das Gespräch. Im Bedarfsfall werden Notizen darüber angefertigt. Verstößt der Gefangene gegen das Reglement, wird der Abbruch des "Sprechers" veranlaßt. Der Vernehmer kann die Übergabe kleiner Geschenke genehmigen. Die Angehörigen dürfen den Gefangenen nur mit Handschlag begrüßen und verabschieden.

In der Regel darf der U-Häftling einmal wöchentlich an die genehmigte Schreibadresse einen Brief in der Länge einer DIN-A4-Seite schreiben. Der Inhalt unterliegt der Zensur.

Am Anfang der Untersuchungshaft bleibt man erst einmal allein. Man will dadurch das Bedürfnis zum Sprechen provozieren. Ist man aussagewillig, wird man mit einem anderen Gefangenen zusammengelegt. Als ich am Anfang meiner Untersuchungshaft wochenlang allein in der Zelle war und meinen Vernehmer fragte, ob ich in Einzelhaft bin, antwortete mir dieser, daß man nicht jeden mit jedem zusammenlegen könnte und für mich noch keine geeignete Person gefunden wäre. Sobald nach einer Zusammenlegung der Zustand eintritt, daß man weniger aussagewillig ist, wird man wieder alleingelegt.

Die Vernehmungen in der U-Haft dauern von morgens 8 Uhr bis 12.30 Uhr. Dann wird man zum Mittagessen in die Zelle zurückgeführt und hat bis ca. 14 Uhr Pause. Danach geht es weiter bis gegen 17 Uhr. Im Bedarfsfall wird man nach dem Abendbrot erneut bis gegen 21.30 Uhr zur Vernehmung geholt. Aus eigenem Erleben kann ich auch sagen, daß Nachtvernehmungen zum üblichen Ablauf der Untersuchungshaft gehören. Ich möchte hierzu ein Beispiel bringen: In der ersten Woche meiner Untersuchungshaft in Leipzig wurde ich gegen 9 Uhr morgens zur ersten Vernehmung geholt, gegen 12.30 Uhr zur ersten Pause in die Zelle zurückgeführt, erneut gegen 13.30 bis 17 Uhr zur

Vernehmung geholt, zum Abendbrot wieder in die Zelle geführt und gegen 18.30 Uhr zur Nachtvernehmung geholt. Diese dauerte bis gegen 3 Uhr morgens. In dieser einen Woche beziehungsweise in neun Vernehmungstagen in Leipzig hatte ich drei Nachtvernehmungen mit diesen Zeitmaßen. Während der Nachtvernehmungen saß eine Schreibkraft mit im Vernehmungszimmer, die die Vernehmungsprotokolle sofort in die Maschine tippte, was eine zusätzliche nervliche Belastung bedeutete.
Nach meiner Überführung in die Untersuchungshaftanstalt des MfS in Berlin-Hohenschönhausen hatte ich keine Nachtvernehmungen mehr, sondern maximal Vernehmungen bis 21.30 Uhr. Gelangt der Untersuchungsführer in der für ihn vorgeschriebenen Zeit nicht zu den gewünschten Aussagen, so gehört es zur Taktik der MfS-Untersuchungsorgane, den U-Führer zu wechseln. Ich habe das selbst miterlebt.
Zu bemerken wäre noch, daß ein U-Gefangener in einer Untersuchungshaftanstalt des MfS eine Nummer bekommt, mit der er angesprochen wird, damit sein Name den Gefangenen in den anderen Zellen nicht bekannt wird. Nur vom Vernehmer wird der Gefangene mit "Beschuldigter" und Familiennamen angesprochen.
In der Regel wird dem Gefangenen innerhalb einer Frist von 48 Stunden nach der Festnahme eröffnet, welcher Straftat er beschuldigt wird. Ich wurde am 6. Januar 1981 festgenommen und einen Tag darauf dem Haftrichter zugeführt. Bemerken möchte ich dazu, daß ich zu diesem Zeitpunkt bereits die erste Nachtvernehmung hinter mir hatte. Die zweite Zuführung zum Haftrichter erfolgte in der Untersuchungshaftanstalt Hohenschönhausen. Am 19. Januar 1981 war meine Überführung nach dort. Nach ca. zwei Wochen Vernehmungen wurde der Haftbefehl gegen mich erweitert und ich deshalb erneut dem Haftrichter zugeführt. Sonst bin ich durch einen Richter oder Staatsanwalt während der Zeit der Untersuchungshaft nicht vernommen worden. Es gibt lediglich eine sogenannte Abschlußvernehmung durch den anklagenden Staatsanwalt. Sie dient dem persönlichen Kennenlernen des Untersuchungshäftlings.
Festgehalten zu werden verdient, daß meine Eltern wochenlang über meine Verhaftung nicht unterrichtet worden sind.
(...)
Erfahrungsgemäß dauert die Untersuchungshaft bei den DDR-Staatssicherheitsorganen mindestens drei Monate. Das weiß ich von anderen Gefangenen, mit denen ich persönlichen Kontakt hatte.
(...)

Während meiner Vernehmungen konnte ich die Erfahrung machen, daß die Ermittlungen unbedingt auf ein Geständnis zielten. An zwei konkreten Beispielen, meine Person und meine Handlungen betreffend, möchte ich das belegen: Im Dezember 1980 hatte ich in der Weihnachtsnacht Flugblätter im Stadtgebiet von Leipzig verteilt. In den ersten Vernehmungen dazu wurden mir einige dieser Flugschriften "staatsfeindlichen Inhaltes", wie sie vom Untersuchungsführer tituliert wurden, mit durch Farbe sichtbar gemachten Fingerabdrücken vorgelegt. Da man meine Fingerabdrücke bereits genommen hatte, gab ich durch diesen Beweis die Tat zu. Nicht zu dagegen gab ich die Zahl der Flugschriften, sondern erklärte, daß ich mich nicht mehr daran erinnern kann. Mehrere Tage versuchte der Untersuchungsführer, die Anzahl der Flugblätter zu erfahren, er verstieg sich dabei in dermaßen absurde Spekulationen, daß ich die weitere Aussage dazu verweigerte. Daraufhin legte er mir ein Blatt Papier und einen Stift vor und forderte mich auf, niederzuschreiben, daß ich die Aussage verweigere. Er wies mich darauf hin, daß das Geschriebene dem Staatsanwalt vorgelegt würde, der dann darüber entscheidet, ob oder ab wann mir die Untersuchungshaftzeit angerechnet wird. Es gäbe schließlich nicht umsonst Klauseln in den Gesetzesparagraphen, die besagen, daß einem nicht aussagewilligen Gefangenen die Untersuchungshaft nicht angerechnet werden muß oder erst ab dann, ab wann er "die Wahrheit" sagt. Und außerdem würde auch ohne meine Aussagen ein Urteil ergehen, das würde mich sicher empfindlicher treffen, als wenn ich von Anfang an die Wahrheit sagen würde. Am folgenden Tag gab ich die Zahl von 100 verteilten Flugblättern an, was mir aber nicht geglaubt wurde. Der Vernehmer sagte mir, daß er sicher wisse, daß ich mehr als 100 Flugblätter verteilt hätte, schließlich gäbe es genügend vernünftige Menschen in der DDR, die derartige Schriften bei den zuständigen Stellen abliefern würden. Sie seien in seinen Händen. Er wies außerdem darauf hin, daß ich noch Gelegenheit erhalten würde, jedes einzelne abgegebene Flugblatt mit meinem Namenszug zu versehen und damit die Herstellung und Verteilung durch mich zu bestätigen. Schließlich gab ich die wahre Anzahl von 500 Stück der von mir verteilten Flugschriften zu. Mit zynischem Lächeln quittierte mein Untersuchungsführer meine Aussage und legte mir anschließend die von Bürgern von Leipzig abgegebenen Flugblätter vor. Es waren nur 47 Flugblätter, die ich einzeln abzeichnen mußte.

Ein weiteres Beispiel zur Erschleichung von Geständnissen möchte ich schildern: In einer Vernehmung über meinen Besuch in der Ständigen Vertretung der Bundesrepublik in Ost-Berlin und dem darin geführten Gespräch mit einem Mitarbeiter der Rechtsabteilung wurde ich unter anderem über den Inhalt des Gespräches gefragt. Mit der Aussage über dieses Gespräch offensichtlich nicht zufrieden, zog der Vernehmer ein angebliches Schreiben der Ständigen Vertretung aus seinem Stapel Unterlagen und tat so, als ob er vom Blatt ablas, als sei an die Staatssicherheitsorgane eine schriftliche Meldung über meinen Besuch erfolgt und der wesentliche Inhalt bekannt. Auf meinen Einwand hin, daß mich das sehr verwundert, zumal die Ständige Vertretung über bestimmte Sachverhalte keinerlei Auskunft geben dürfe, antwortete der U-Führer: “Diese Einrichtung ist nur eine Vertretung und keine Botschaft. Darin besteht der Unterschied. Die dort tätigen Angestellten sind uns rechenschaftspflichtig.” Da ich sachunkundig war, gab ich anschließend zu Protokoll, daß ich auf Befragen des Mitarbeiters der Vertretung erklärt hätte, daß ich den begonnenen Weg mit allen Konsequenzen bis zu meiner Übersiedlung in die Bundesrepublik gehen würde. Einige Tage später wurde ich erneut einem Haftprüfungsrichter vom Militärobergericht Berlin zugeführt, der meinen Haftbefehl auf den Verdacht der Spionage und des Geheimnisverrates erweiterte. Er las mir unter anderem vor, daß ich mich einem Mitarbeiter der Ständigen Vertretung der Bundesrepublik in der Hauptstadt der DDR zu geheimdienstlicher Arbeit zur Verfügung gestellt hätte. Auf meine Einwände hin, daß das nicht der Fall gewesen sei, reagierte er mit der lapidaren Äußerung, ich käme sowieso nicht in die Bundesrepublik, da ich Geheimnisträger sei, demzufolge würden bestimmte Termini keine Rolle spielen.
Wie in den geschilderten Beispielen, so wurde ich während der Vernehmungen ständig desorientiert, um mich zu Aussagen zu bringen, die in das Konzept des MfS paßten. Zu einem späteren Zeitpunkt deutete der U-Führer sogar an, daß ich zwar das Erziehungsrecht über meinen Sohn nicht mehr besäße, das MfS aber vieles bewerkstelligen könnte. Das sollte im Klartext heißen: Wenn ich auf die Wünsche der Mitarbeiter des MfS eingehen würde, ließe sich auch in bezug auf meinen Sohn einiges korrigieren. Erfahrungsgemäß kann ich sagen, daß die Vernehmer des MfS ständig mit erweiterten Vernehmungen und Nachtvernehmungen drohen, wenn ihnen die Aussagen der Gefangenen nicht ausreichend erscheinen. Ich wurde deshalb häufiger nach dem Abendbrot zu einer

weiteren Vernehmung geholt, die sich so lange hinzog, bis der Vernehmer mit den Aussagen zufrieden war. Ich hatte ständig den Eindruck, daß der U-Führer unter Erfolgszwang stand. Selbst Schlafentzug durch erweiterte Vernehmungen ist Mittel zur Erzwingung von Geständnissen, ebenso die wochen- und manchmal monatelange Einzelhaft in Untersuchungshaftanstalten des MfS, begründet durch fadenscheinige Erklärungen. Im Grunde stellen sie psychische Mißhandlungen des Gefangenen dar.

Als ich während einer der Vernehmungen um Einsicht in das Strafgesetzbuch der DDR bat, erhielt ich die Antwort, daß diese Einsicht beim zuständigen Haftstaatsanwalt beantragt werden müsse und dieser darüber entscheide. Nachdem ich meinen Antrag gestellt und die Genehmigung zur Einsicht erhalten hatte, durfte ich in das Strafgesetzbuch nur im Beisein des Vernehmers Einsicht nehmen, und selbst diese wurde zeitlich begrenzt. Ich konnte mich also nicht genügend und in Ruhe mit den mich interessierenden Paragraphen beschäftigen. Auf meine Frage, warum ich das Gesetzbuch nicht mit in meine Zelle bekäme, wo ich doch zur Zeit allein sei, antwortete mir der Untersuchungsführer, daß ich das nur in seinem Beisein dürfe, um zu verhindern, daß Eintragungen oder Bemerkungen in dem Buch vorgenommen werden können. Dabei wußte er ganz genau, daß Gefangene gar keinen Stift in der Zelle hatten, um Eintragungen vornehmen zu können.

(...)

Bericht des ehemaligen politischen Gefangenen Dr. Wolfgang Hartmann, Diplommathematiker, Festnahme 1984, niedergeschrieben 1984[7]

(...)
Gegen 22 Uhr holte man mich zum ersten Verhör, das etwa fünf Stunden dauerte. Die Vernehmung wurde geleitet von einem jüngeren Hauptmann, dessen Eigenart es war, etwas menschlichere Züge zu zeigen, um damit Aussagen zu produzieren. Wenn es "Unklarheiten" gab, dann mischte sich mit unsachlichen Drohungen ein etwas älterer, ziemlich unsympathischer Offizier ein, der wohl die Rolle des Prügelknaben zu spielen hatte, also mir andeuten sollte, wozu man sonst noch fähig sei, wenn es mit mir Schwierigkeiten geben sollte. Das eingespielte Gespann sah ich nie wieder, doch traf ich später einen Strafgefangenen, der den "Prügelknaben" noch von seiner früheren Arbeit in einem Dresdner Produktionsbetrieb her kannte. Wahrend des gesamten Verhörs wurden meine Augen von einer hellen Lampe geblendet, die direkt auf mich gerichtet war, und deutlich sichtbar für mich lief ein Magnettonbandgerät, auf dem gelegentlich die Spule gewechselt wurde. Die äußeren Umstände des Verhörs dienten wohl auch etwas der Stützung des volkstümlichen Furcht-und-Schrecken-Rufes, mit dem das MfS in der DDR erfolgreich operiert. Mir machten sie eher den Eindruck eines schlechten Filmes. Ich fühlte mich im Recht, hatte ein reines Gewissen, war von der Schuld des politischen Systems der DDR überzeugt und hoffte wohl auch, daß alles Geschehene nur ein Spuk sei und man mich bald und ohne Verurteilung in die BRD abschieben würde. Nicht im entferntesten ahnte ich, daß ich drei hochdotierte Paragraphen verletzt hatte und dafür später zu 42 Monaten Gefängnis verurteilt werden würde.
(...)
Wahrend der Untersuchungshaft beim MfS Dresden vom 27.5. bis 18.8.83 habe ich nur fünf, also verhältnismäßig wenige andere Häftlinge kennenlernen können. Darunter war jedoch einer, der sich bald als Spitzel offenbarte. Er weigerte sich stets, uns seinen Namen, Wohnort und Haftgrund mitzuteilen, versuchte aber immer wieder, uns mit provokativen Fragen auszuhorchen. Wir konnten auch bemerken, daß er an be-

[7] Aus: Karl Wilhelm Fricke: Zur Menschen- und Grundrechtssituation politischer Gefangener in der DDR, Köln 1988, S. 194ff.

stimmten Tagen die Schließer bat, seinen Vernehmer sprechen zu dürfen. Einmal konstatierte er, daß bei mir "nichts mehr zu retten" sei. Nach zwei Tagen gemeinsamen Hungerstreiks hatten wir erreicht, daß wir von unserem gefährlichen Mithäftling getrennt wurden. Auch während meiner späteren Haft in der StVA Cottbus konnte ich feststellen, daß es zwischen Häftlingen nur dann ernsthafte Spannungen gab, wenn das gemeinsame Grundanliegen, die DDR zu verlassen, fehlte.

(...)

Sofort nach meiner Inhaftierung bat ich die Zellenschließer, mir eine Bibel auf die Zelle zu geben. Man verwies mich an meinen Vernehmer, der mich daraufhin ausführlich über meinen Glauben und meine religiösen Aktivitäten befragte. Er erkannte, wieviel mir daran lag, die Bibel lesen zu dürfen, und versuchte in der Folge, dieses Bedürfnis als Druckmittel gegen mich auszunutzen. Wenn er mit meinem Verhalten zufrieden war, durfte ich an dem folgenden Sonntagvormittag eine halbe Stunde lang isoliert in einer Zelle im Keller die Bibel lesen. Von insgesamt zwölf Sonntagen hatte ich dazu gerade sechsmal die Gelegenheit, sechsmal wurde ich für mein Verhalten bestraft. Während meiner Untersuchungshaft brauchte ich nicht zu arbeiten. Die Verpflegung war ausreichend, aber sehr vitaminarm. Jede Woche wurden zwei Bücher meist kommunistischen Inhalts ausgegeben, eine Wahl war nicht möglich.

(...)

Während der Verhandlung kritisierte ich scharf die Vernehmungsmethoden des MfS. Ich beanstandete, daß keines der Vernehmungsprotokolle den Wortlaut meiner Aussagen wiedergab, daß meine sogenannten "Antworten" zum Teil schon vor der entsprechenden Vernehmung schriftlich fixiert vorgelegen hatten und daß der Vernehmer sich vor allem darauf beschränkte, meine Einwände gegen die fertigen Protokolle zu erfahren und auch nur bei geringfügigen Details zu Änderungen des Wortlautes bereit war. Meinen Unterschriften unter die Protokolle war stets ein langer, psychologisch geführter Kampf vorausgegangen:

- zunächst änderte der Vernehmer geringfügig die "Antworten", um seinen "guten Willen" und seine "Kompromißbereitschaft" zu bekunden;
- daraufhin verlangte er von mir "Kompromißbereitschaft" zur Billigung wichtiger sachlicher Fälschungen;
- größere Änderungen lehnte er ab, zunächst mit dem Hinweis, er habe genügend Zeit, auf die Unterschrift zu warten;

- nach einer gewissen wortlosen Wartezeit wies er darauf hin, daß er auch andere Formen der Vernehmungsführung anwenden könne;
- schließlich drohte er, daß man auch meine Frau einmal "ernsthaft" vernehmen könne, und wer weiβ, was sie dann schließlich unterschreiben würde.

(...)

Diese Zeit *(im Arrest, d. Hrsg.)* war besonders hart, denn jetzt war ich der Willkür der Zellenschließer ohne Zeugen schutzlos ausgesetzt. Nur zwischen 23 Uhr und 7 Uhr morgens hatte ich die Möglichkeit, mich hinzulegen, in der übrigen Zeit wurde das Bett aufgeklappt an der Wand festgeschlossen. Vor und nach dieser Schlafenszeit hatte ich mich vor den Schergen auf dem Korridor umzuziehen. Der einzige Einrichtungsgegenstand der Zelle war ein Toilettenkübel. Außer einem kleinen eisernen Rahmen, der an einem der Gitter festgeschweißt war, hatte ich keine Sitzmöglichkeit. Ein Sitzen oder Liegen auf dem kalten Steinboden wäre nur mit gesundheitlichen Schäden möglich gewesen, weil die Zellen auch im Winter kaum geheizt wurden. Die Fensterscheiben waren weiß gefärbt und durch ein davorstehendes Gitter nicht erreichbar. Das Essen war hier nicht ausreichend. Der Frühstücks-Brotbelag reichte nicht für zwei Scheiben Brot. Zu Mittag gab es eine Schüssel fast ungenießbares Essen, und zur gleichen Zeit wurde auch das magere Abendessen ausgeteilt. In den ersten beiden Wochen konnte ich noch während des täglichen Frischluftrundganges etwa zwanzig Minuten lang mit anderen Häftlingen sprechen. Später wurde ich auch hier isoliert und hatte nur noch Kontakt über das "Toiletten-Telefon". Nach vier Wochen Isolation im "Tigerkäfig" erhielt ich eine Sprecherlaubnis mit meiner Frau. Durch deutlich sichtbare Veränderungen in meinem Zustand beunruhigt, bat mich meine Frau, die Arbeit nicht länger zu verweigern. Unter der Bedingung, die Arbeit wiederaufzunehmen, durfte ich den Tigerkäfig wieder verlassen und wurde einer anderen Arbeitsschicht zugewiesen.

(...)

Bericht des ehemaligen politischen Gefangenen Hilmar Helmecke, Tischler, Festnahme 1981, niedergeschrieben 1986[8]

(...)
Doch zurück zur Festnahme. Um Aufsehen zu vermeiden, wurde der Wagen des MfS, Typ "Wolga", dicht an das Bürohaus herangefahren. Daraufhin wurde ich auf den Rücksitz gedrängt (zwischen zwei Stasi-Angehörige), und die Fahrt ging in das MfS-Untersuchungsgefängnis am Moritzplatz in Magdeburg. Kurz nach 9 Uhr kamen wir dort an. Sofort wurde ich dem für mich zuständigen Vernehmungsoffizier zugeführt. Zuerst gab es allerdings Schelte vom Chef der Vernehmergruppe, einem Major, für die Männer, die mich festgenommen hatten: Sie hatten vergessen, mich zu durchsuchen. Dann wandte sich der Major mir zu: "Diesmal dürfte Ihr Aufenthalt etwas länger dauern, Herr Helmecke, das kann ich Ihnen garantieren."
Die Vernehmungen begannen sofort. Es waren drei Vernehmungsoffiziere, die sich ablösten, manchmal auch zu zweit oder zu dritt "arbeiteten". Natürlich habe ich niemals die Namen dieser Leute erfahren. Nur durch Zufall und Nachlässigkeit erfuhr ich später, daß der für mich zuständige Offizier den Rang eines Oberleutnants hatte und wir gleichaltrig waren. Aus Erfahrung wußte ich, was nun auf mich zukommen würde und was man mit der Überrumpelungstaktik zu erreichen hoffte.
Nach wie vor setzen die Untersuchungsorgane des MfS auf das Überraschungsmoment, indem sie den Schock der Verhaftung ausnutzen. Dazu wird stundenlang ohne Pause vernommen. Jedes Mittel ist recht, um zum Erfolg zu kommen. Drohungen, Verleumdungen, Unterstellungen - dies alles gehört zum Programm eines geschulten Vernehmers. Und ich muß ehrlich gestehen, daß ich, obwohl ich ja darauf vorbereitet war und wußte, was man mir alles vorhalten könnte, oft verwirrt und schockiert war und keinen anderen Ausweg wußte, als zu schweigen. Ganz sicher ist Schweigen eine der besten Waffen (wenn nicht gar die beste) gegen psychischen Terror des Vernehmers. Ich gehöre (leider?) zu den Menschen, die dies allerdings nicht lange durchhalten, die versuchen, sich auseinanderzusetzen.

[8] Aus: Karl Wilhelm Fricke: Zur Menschen- und Grundrechtssituation politischer Gefangener in der DDR, Köln 1988, S. 221ff.

Von Anfang an gehört es zur Absicht der Vernehmer, beim Gefangenen ein Gefühl der absoluten Hilflosigkeit zu erzeugen - und das wird fast immer erreicht. Meine erste Vernehmung dauerte bis zum Abend des folgenden Tages, also ca. 30 Stunden. Man warf mir vor, die "innere Sicherheit" der DDR angegriffen zu haben, indem ich Freunde, Bekannte und Kollegen gegen die Verhältnisse in der DDR aufgehetzt hätte mit dem Ziel, konterrevolutionäre Zustände wie in Polen auf die DDR übertragen zu wollen. Weiter hätte ich die Bündnispolitik der DDR angegriffen, indem ich die Regierung der DDR als Marionetten Moskaus bezeichnet hätte, und schließlich hätte ich "sogenannte" freie Wahlen verlangt mit dem Ziel, die DDR der Bundesrepublik einzuverleiben. Zu alledem hätte ich versucht, Kollegen zum Streik aufzuhetzen, Partei- und Gewerkschaftsfunktionäre als Handlanger beschimpft, die Nationale Volksarmee der DDR als russische Satellitentruppe bezeichnet usw.,usw. Man muß sich vorstellen, wenn man sich in meine damalige Lage versetzen will, daß diese Vorwürfe auf mich herniederprasselten, alles binnen weniger Stunden, und sich immer wieder wiederholten. Sehr oft wurden von mehreren Vernehmern verschiedene Fragen gleichzeitig gestellt, so daß man bei einem Ja oder Nein scharf aufpassen mußte, um kein Risiko einzugehen. Ich hatte mich darauf verlegt, zu den Vorhalten Gegenfragen zu stellen: "Wann und wo soll ich das gesagt haben (...)?" Das half etwas. Empört und aufgebracht reagierte ich auf den Vorhalt, ich hätte den Faschismus verherrlicht, faschistische Kriegsverbrecher glorifiziert. Bei diesen Vorhalten konnte ich nun wirklich ruhigen Gewissens verneinen. Wie konnte ich den Faschismus, als Beispiel, verherrlichen, wo ich stets versucht hatte, die Parallelen aufzuzeigen, die aus der Nazizeit in die DDR führten? Ebensogut müßte ich dann ja auch die Verhältnisse in der DDR gutheißen! Das sagte ich auch den Vernehmern. Einer stellte daraufhin das ständig mitlaufende Tonbandgerät ab und ich bekam lautstark und haßerfüllt zu hören, daß man mit so einem "Schwein" wie mir schon fertig werden würde. (...) Danach ging es wieder von vorn los.
Am 27. Mai abends wurde die erste Vernehmung abgebrochen. Ich muß zugeben, daß ich nicht nur total müde, sondern auch nervlich ziemlich am Ende war. Angehörige der Wachmannschaft brachten mich in die Kleiderkammer, ich durfte duschen, erhielt anstaltseigene Kleidung. Zu essen hatte man mir während der Vernehmung angeboten, ich hatte es jedoch abgelehnt, da ich unter den Bedingungen einfach nicht in der Lage war, auch nur einen Bissen zu essen. Nach dem Duschen wurde ich

in eine Zelle gebracht. Ein Angehöriger der Wachmannschaft klärte mich auf, daß ich von nun an Nummer 25/1 sei. Die 25 entsprach der Zellennummer, die 1 verriet, daß ich der einzige Insasse der Zelle war.
Ich behielt die Nummer fünf Wochen, bis ich auf eine andere Zelle verlegt wurde und mich 23/2 nennen durfte, denn die Zeit der Einzelhaft war für mich vorbei, ein Zellenkamerad war die 23/1.
Total übermüdet schlief ich am Abend nach meiner ersten Vernehmung ein. Wie lange ich geschlafen habe, kann ich nicht sagen, es war noch dunkel, als ich geweckt und zum nächsten Verhör gebracht wurde. Zwei Vernehmer, selbst noch übernächtig aussehend, warteten schon auf mich und begannen sofort mit dem Verhör.
(...)
Von nun an begannen die Vernehmungen geregelt abzulaufen. Sie fingen in der Regel morgens um 7 Uhr an, wurden mittags durch eine einstündige Pause unterbrochen und endeten abends zwischen 16 und 18 Uhr. Den "Freihof", wie diese Verschläge aus Rauhputzmauern, die oben mit Maschendraht bespannt sind, zynisch genannt werden, bekam ich selten zu sehen, denn ich kam nur sonntags und montags zur "Freistunde" an die Luft, wenn die Vernehmungen etwas später begannen. Montags hatte die Vernehmergruppe so eine Art Dienstbesprechung, wie ich später mitbekam. Selbst die Sonnabende wurden häufig zu Vernehmungen genutzt.
Der Vernehmer begann stets mit der gleichen Frage: "Inwieweit sind Sie bereit, zur Wahrheitsfindung beizutragen?" Meine Antwort, daß ich schon interessiert sei an der Wahrheit, ich allerdings Grund hätte zu der Annahme, daß das Interesse von seiner Seite nicht zu groß wäre, quittierte er meist mit einem müden Grinsen. Anschließend folgte der Hinweis, daß von der Vernehmung eine Schallaufzeichnung angefertigt würde, ich zeichnete das Band mit Namen, Ort und Datum ab, und die eigentliche Vernehmung begann. Auch hier stereotyp der gleiche Beginn: "Wie sind Sie in der Öffentlichkeit gegen die Partei (den FDGB, die FDJ, die sozialistische Kindererziehung, die DSF, die Bündnispolitik der DDR usw., usw.) aufgetreten?" Selbst für den Außenstehenden scheinbar belanglose Themen waren Gegenstand einer Vernehmung und so ein Protokoll wert. Selbst von einem politischen Witz wurde ein Protokoll angefertigt.
Vernommen wurde ich z.B. auch zu einer Gewerkschaftsversammlung, die fast vier Jahre zurücklag. Auf ihr hatte der Parteisekretär Dieter Sagrauske eine "freiwillige" Sonderschicht vorgeschlagen, die unbezahlt

bleiben sollte. Nun wurde ein Protokoll angefertigt, aus dem meine negative Einstellung zur sozialistischen Arbeitermoral hervorgehen sollte, weil ich öffentlich dafür plädiert hatte, daß die Sonderschicht bezahlt werden müßte. Frage des Vernehmers: "Wie sind Sie anläßlich der Gewerkschaftsversammlung vom ..." (genaues Datum ist mir heute nicht mehr erinnerlich, er aber kannte den genauen Tag!) "gegen die Rolle der Gewerkschaft aufgetreten?!" Nun wußte ich vielleicht noch, daß da mal etwas gewesen war und ich meine Meinung gesagt hatte, aber an Einzelheiten konnte ich mich nach fast vier Jahren nicht mehr erinnern. Er aber konnte es genau und half mir auf die Sprünge: "Sie haben damals u.a. behauptet, die Gewerkschaft sei weiter nichts als die rechte Hand der Partei, äußern Sie sich dazu !"

(...)

Mein Vernehmungsoffizier versuchte allerdings den Spieß umzudrehen und ging damit so weit, daß ich in den Vernehmungsprotokollen meine Aussagen nicht wiedererkannte. Ich verweigerte deshalb auch die Unterschrift, denn ich erkannte die Gefahr, die damit verbunden war. Meine Vernehmungen wurden im September - also nach rund vier Monaten - abgeschlossen. Tagelang versuchte man dabei, mir illegalen Waffenbesitz anzulasten - ein vergebliches Unterfangen. Zum Ablauf einer Vernehmung hier vielleicht noch so viel: Ich wurde um 7 Uhr in das Vernehmungszimmer gebracht. Die Fragen, die man an mich stellte, und meine Antworten wurden auf Band aufgezeichnet, der Vernehmer schrieb per Hand einige Notizen auf ein Blatt Papier. Nach der Mittagspause saß ich dann nur noch auf meinem Stuhl, während der Vernehmer emsig schrieb. Per Hand, denn die maschinengeschriebenen Protokolle sollte ich erst später, nachdem ich bereits meine Anklageschrift gesehen hatte, unterzeichnen. Also am Nachmittag fiel kein einziges Wort, erlöst wurde ich erst abends, wenn ich die handgeschriebenen Protokolle unterzeichnen sollte (was allerdings selten geschah, denn ich hatte ja schon erwähnt, daß ich meine Aussagen oft nicht wiedererkannte, so verdreht und sinnentstellt waren sie). Meine Verweigerung hatte zwar in der Regel einen Wutanfall des Vernehmers zur Folge, aber die Unterschrift bekam er nicht. (...)

Bericht der ehemaligen politischen Gefangenen Brigitte Bielke, Festnahme 1988, niedergeschrieben 1988/95[9]

“Wir können mit Ihnen noch ganz anders verfahren.”

(...)

Wie man hätte mit mir verfahren können, konnte ich bei einer späteren Besichtigung feststellen. Auf dem unteren Zellenflur befanden sich eine Arrestzelle und eine schallisolierte Dunkelzelle. In der Arrestzelle wurde die Pritsche an der Wand hochgeschlossen und die Zelle durch ein zusätzliches Gitter getrennt, so daß man weder Toilette noch Waschbecken erreichen konnte. Die Dunkelzelle war durch Isoliermaterial auf etwa drei Quadratmeter verkleinert, selbst die Decke war verkleidet, und die Lampe befand sich hinter einem Gitter.

Ich wurde in einen Raum im Keller gebracht, in dem ich mich völlig entkleiden mußte, auch Klemmen und Gummi aus meinem ca. 1 m langen Haar entfernen, und bekam Anstaltskleidung: blauer Trainingsanzug, Uniformbluse, Kniestrümpfe, Hemd und Schlüpfer, Hausschuhe und Arbeitsschuhe ohne Schnürsenkel sowie Decken und Bettzeug. Danach brachte man mich in eine Zelle: Einzelhaft. Ich wurde belehrt, daß ich mich beim Betreten der Zelle, Verwahrraum genannt, durch das Wachpersonal zu erheben habe. Außerdem habe ich ab sofort nicht mehr meinen Namen zu nennen, sondern nur noch eine Nummer, die aus Zellen- und Pritschennummer bestand. In der Hausordnung konnte ich nachlesen, daß jegliche Kontaktaufnahme zu anderen Zellen, lautes Sprechen oder Singen sowie sportliche Betätigung verboten sind. Nach Verschluß der Zelle begann aus einer Nachbarzelle ein rhythmisches Klopfen, dessen Bedeutung mir zu diesem Zeitpunkt noch nicht klar war, das ich aber später entschlüsseln konnte.

Nachmittags wurde das Verhör fortgesetzt und mir die vorläufige Festnahme verlesen: § 99 “Landesverräterische Nachrichtenübermittlung” wegen Kontaktaufnahme zu einer verbrecherischen Organisation. Welche Organisation gemeint war, sagte man mir nicht. Man verweigerte mir das Nachlesen im Gesetzbuch und gab mir auch keine Auskunft über den Verbleib meines ältesten Sohnes; der Vernehmer wußte angeblich nicht,

9 Aus: Die Landesbeauftragte für die Unterlagen des Staatssicherheitsdienstes der eh. DDR Sachsen-Anhalt /Hg.: Vom Roten Ochsen geprägt (2). Berichte politisch Inhaftierter in den achtziger Jahren. Magdeburg 1997, S. 5ff.

wo er sich befindet. Der 15jährige wäre in ein Kinderheim gebracht worden. Anschließend mußte ich mich an eine Wand stellen und wurde mit einer Polaroidkamera fotografiert.
Der Weg zum und vom Vernehmer bis in die Zelle erfolgte unter strengster Isolation, um sicherzustellen, daß kein Kontakt zu anderen Häftlingen zustande kam. Die Flure und Gänge waren neben Kameras mit roten und weißen Lampen ausgestattet. Bei weißem Licht konnte weitergegangen werden, bei rotem entweder zurück oder anhalten mit dem Gesicht zur Wand. An unübersichtlichen Stellen befanden sich weiße Striche auf dem Fußboden, an denen man stehenbleiben mußte. Zur "Sicherheit" des Wachpersonals waren an den Wänden Reißleinen angebracht, mit denen Alarm ausgelöst werden konnte. Auf die gleiche Art und Weise wurde man zur "Freistunde", die ca. 20 Minuten dauerte, in die Hofzellen geführt. Diese Hofzellen, etwa 30 m² groß, waren betoniert, von ca. 4 m hohen Mauern umgeben und mit Maschendraht überspannt. Darüber befand sich ein Laufsteg, auf dem das bewaffnete Wachpersonal patrouillierte.
(...)
Die Zelle hatte eine Größe von 2,80 m x 3,30 m und war 2,40 m hoch. Darin standen drei Holzpritschen, auf denen je zwei alte Seegrasmatratzen lagen, die völlig verschmutzt waren, Blutflecke hatten und von denen Erbrochenes nur notdürftig abgekratzt war. Die beiden Fenster in der Größe von Kellerluken waren mit Glasbausteinen zugemauert. Ein Tischchen und drei Holzhocker waren das einzige Mobiliar. In der Ecke befand sich eine Toilette, daneben ein Waschbecken. Alle Zuleitungen und Abwasserleitungen waren vom Flur aus installiert, so daß eine Kontaktaufnahme über den Abfluß nach nebenan nicht möglich war. Die Zelle lag im Dämmerlicht, da die Glühbirne in die Wand eingemauert und von einer völlig verschmutzten Scheibe abgedeckt war. Warmes Wasser lief nur früh und abends zum Waschen, das Geschirr und Besteck mußte mit kaltem Wasser ohne Spülmittel abgewaschen werden. Die Wäsche wurde einmal in der Woche nach dem Duschen gewechselt; dann durfte man in einen Spiegel sehen, denn es befand sich keiner in der Zelle.
Während der gesamten U-Haft bei der Stasi wurde alle paar Minuten durch den Spion in die Zelle gesehen, auch nachts. Das Nervenaufreibendste an diesen nächtlichen Kontrollen war, daß jedesmal das Licht angeschaltet wurde. An Einschlafen war nicht zu denken und ich hatte das Gefühl, total zermürbt zu werden. Nach ein paar Tagen habe ich mir

nachts die Augen mit einem Geschirrtuch verbunden, um wenigstens ein paar Stunden Schlaf zu bekommen.
(...)
Mein angegriffener Gesundheitszustand und die Tatsache, daß ich halb entblößt mit dem kranken Bein auf einer hohen Schiene lag, war kein Grund für eine Vernehmungsunfähigkeit. Als dieser Unmensch, der seine Unsicherheit hinter einer dunklen Brille versteckte, merkte, daß auch seine "sanfte Tour" zu keinem Ergebnis führte, begann er zu drohen. Er sagte mir 5 bis 6 Jahre Haft mit anschließender Entlassung in die DDR voraus.
(...)
Danach verbrachte ich wieder zwei Wochen in Einzelhaft, was mich schon zu Beginn dieser Maßnahme fast die Beherrschung kostete. Der ständige Schlafentzug hatte inzwischen zu akustischen Halluzinationen bei mir geführt. Mitten in der Nacht hörte ich die Stimme meines jüngeren Sohnes, der mich bat, aufzustehen und mitzukommen. Obwohl ich wußte, daß er nicht in der Zelle sein konnte, öffnete ich doch die Augen, um mich zu vergewissern.
Der Vernehmer aus Halle reiste wieder für zwei Tage an. Nach dem ersten Verhör bekam ich abends einen Weinkrampf, der stundenlang anhielt und zur Verabreichung von Beruhigungsmitteln führte.
(...)
Am Morgen des 23.01.89 mußte ich meine Sachen packen; es hieß "Überraschung". Ich bekam meine Privatsachen und wurde mit einer Mitgefangenen in die Krimi-U-Haft des "Roten Ochsen" gefahren. Dort wurden unsere Habseligkeiten verpackt und mit der Aufschrift "Markkleeberg" versehen. Der Transport nach Leipzig, dort mußten wir mehrere Stunden in Zellen unter dem Hauptbahnhof zubringen, und anschließend nach Hoheneck, gehört zu den menschenunwürdigsten Maßnahmen, die man als Strafgefangener über sich ergehen lassen mußte. Mit einem in zwei Zellen aufgeteilten LKW W50 wurden Frauen und Männer eng gedrängt auf das Bahnhofsgelände gefahren. Nach dem Verlassen der LKW wurden wir mit Handschellen aneinander gekettet und in einen endlos erscheinenden Tunnel unter dem Bahnhof geführt. Ständig wurde lautstark mitgeteilt: "Bei Fluchtversuch wird geschossen!" Über eine enge Treppe gelangten wir an das Ende des Bahnsteiges und bestiegen den "Grotewohl-Expreß", der äußerlich den Eindruck eines Postwaggons erweckte. In einem verschließbaren "Abteil" von ca. 1 m^2,

dessen Fenster mit Milchglasscheiben versehen und innen vergittert waren, wurden vier bis fünf Menschen eingepfercht. Manche waren auf diese Weise tagelang unterwegs und erhielten am Tag zwei Tassen Malzkaffee. An Schlafen war nicht zu denken; man konnte durch die Enge nicht einmal die Sitzhaltung verändern. Nachts wurde der Waggon mit der "lebenden Fracht" ohne Heizung auf Nebengleisen abgestellt. (...)

Literaturhinweise

a) zur politischen Strafjustiz:

- **Bundesministerium der Justiz** (Hg.): Im Namen des Volkes? Über die Justiz im Staat der SED. Wissenschaftlicher Begleitband zur Ausstellung, Leipzig 1994
- **Eisert**, Wolfgang: Die Waldheimer Prozesse – Der stalinistische Terror 1950, München 1993
- **Fricke**, Karl Wilhelm: Politik und Justiz in der DDR, Köln, 1. Aufl. 1979
- **Rottleuthner**, Hubert (Hg.): Steuerung der Justiz in der DDR – Einflußnahme der Politik auf Richter, Staatsanwälte und Rechtsanwälte, Köln 1994
- **Werkentin**, Falco: Politische Strafjustiz in der Ära Ulbricht, Berlin 1997, 2. Aufl.

b) zu Haftbedingungen/psychischen Verletzungen:

- **Bath**, Matthias: 1197 Tage als Fluchthelfer in DDR-Haft, Berlin 1987
- **Fuchs**, Jürgen: Gedächtnisprotokolle, Vernehmungsprotokolle November ´76 bis September ´77, rororo Taschenbuch 12726; Reinbek 1993; Schilderung der Haftbedingungen und Vernehmungssituationen mit dem Blick eines ausgebildeten Psychologen.
- **Österreich**, Tina: Ich war RF: Ein Bericht, Berlin 1988; Verl. Haus am Checkpoint Charlie; Die Autorin stellt u.a. die aus der Haft resultierenden Belastungen der familiären Situation dar.
- **Zilli**, Timo: Folterzelle 36 Berlin-Pankow: Erlebnisbericht einer Stasihaft, Berlin 1993; Der Bericht eines italienischen Kommunisten, der aus nichtigen Gründen in Haft geriet und die Sonderrolle von Ausländern in DDR-Haft schildert.
- **Schmidt**, Andreas: Leerjahre: Leben und Überleben im DDR-Gulag, Sindelfingen 1986, Anita-Tykve-Verlag; Eine sehr realistische Schilderung der Haftbedingungen in den 70er Jahren.
- **Fricke**, Karl Wilhelm: Zur Menschen-und Grundrechtssituation politischer Gefangener in der DDR, Köln 1988; Ergebnisse einer systematischen Befragung von Häftlingen.

- **Schacht**, Ulrich (Hg.): Hohenecker Protokolle: Aussagen zur Geschichte der politischen Verfolgung von Frauen in der DDR, Frankfurt/M; Berlin 1989; Ein Sammelband speziell zu den Haftbedingungen der Frauenhaftanstalt Hoheneck aus den 50er bis zu den 80er Jahren.
- **Fritzsch**, Günter: Gesicht zur Wand - Willkür und Erpressung hinter Mielkes Mauern, Leipzig 1994
- **Müller**, Klaus-Dieter: Zwischen Hippokrates und Lenin - Gespräche mit ost- und westdeutschen Ärzten über ihre Zeit in der SBZ und DDR, Köln 1994
- **Boll**, Friedhelm (Hg.): Verfolgung und Lebensgeschichte - Diktaturerfahrungen unter nationalsozialistischer und stalinistischer Herrschaft in Deutschland, Berlin 1997
- **Behnke**, Klaus; **Fuchs**, Jürgen (Hg.): Zersetzung der Seele: Psychologie und Psychiatrie im Dienste der Stasi, Hamburg 1995
- **Priebe**, S.; **Denis**, D.; **Bauer**, M. (Hg.): Eingesperrt und nie mehr frei. Psychisches Leiden nach politischer Inhaftierung in der DDR, Darmstadt 1996
- **Faust**, Siegmar: Ich will hier raus, Berlin 1983
- **Müller**, Klaus-Dieter; **Stephan**, Annegret (Hg.): Die Vergangenheit läßt uns nicht los. Haftbedingungen politischer Gefangener in der SBZ/DDR und deren gesundheitliche Folgen, Berlin 1998

Hinweis:
Unter dem Obertitel "Betroffene erinnern sich" ist in der Schriftenreihe der Landesbeauftragten für die Unterlagen des Staatssicherheitsdienstes der ehem. DDR des Landes Sachsen-Anhalt eine ganze Folge von Haftschilderungen aus allen Phasen der DDR-Repressionsgeschichte erschienen. Die Hefte sind zu beziehen über folgende Anschrift:
Die Landesbeauftragte für die Stasi-Unterlagen des Landes Sachsen-Anhalt, Klewitzstraße 4, 39112 Magdeburg

Über den Autor:

Zahn, Hans-Eberhard, Diplom-Psych.

Geboren 1928. Als FU-Student aus Berlin-West im November 1953 durch das MfS bei Besuch eines Kommilitonen in Ost-Berlin verhaftet; bis Juni 1954 U-Haft im MfS-Keller Prenzlauer Allee; Überführung nach Rummelsburg, September 1954 zu 7 Jahren Zuchthaus (u.a. KD 38) verurteilt, Arbeit als Hilfsstatiker; Februar 1956 Verlegung nach Brandenburg, dort u.a. Arbeit in Schneiderei und Traktorenwerk; ab Mai 1957 in Bautzen I zunächst 4 Monate Einzelhaft, sodann Einsatz als technisch-wissenschaftlicher Übersetzer im "KoBü", nach Denunziation zeitweilig auch in der Weberei; von September 1958 bis Oktober 1959 im Haftarbeitslager des MfS Berlin-Hohenschönhausen ("Lager X") mit einfachen Arbeiten beschäftigt; nach Verbüßung von 21 Tagen Kellerarrest Rückführung nach Bautzen I; von dort Nov. 1960 Entlassung nach Berlin-West. Beendigung des Studiums an der FU; als Diplom-Psychologe Einstellung als Wissenschaftlicher Assistent; bis zum Ruhestand 1993 Lehr- und Forschungstätigkeit, verbunden mit hochschulpolitischem Engagement in der "Notgemeinschaft für eine freie Universität". Derzeit Ehrenvorsitzender des Bundes Freiheit der Wissenschaft, Sektion Berlin-Brandenburg.

Publikationen des Berliner Landesbeauftragten

Beim Landesbeauftragten sind erhältlich (gegen Einsendung von Briefmarken im Wert von 1,50 DM für Büchersendung-Porto):

Schriftenreihe:
- Bd. 1: **Siegfried Mampel**: Der Untergrundkampf des Ministeriums für Staatssicherheit gegen den Untersuchungsausschuß Freiheitlicher Juristen in Berlin
- Bd. 2: **Gunter Holzweißig**: Klassenfeinde und "Entspannungsfreunde". West-Medien im Fadenkreuz von SED und MfS **(vergriffen)** (Dieser Text ist überarbeitet als Kapitel enthalten in: Holzweißig, Gunter: Zensur ohne Zensor: Die SED-Informationsdiktatur, Bouvier, Bonn 1997)
- Bd. 3: **Roland Brauckmann**: Amnesty International als Feindobjekt der DDR **(vergriffen)**
- Bd. 4: **Jutta Braun; Nils Klawitter; Falco Werkentin:** Die Hinterbühne politischer Strafjustiz in den frühen Jahren der SBZ/DDR
- Bd. 5: **Hans-Eberhard Zahn**: Haftbedingungen und Geständnisproduktion in den Untersuchungs-Haftanstalten des MfS - Psychologische Aspekte und biographische Veranschaulichung
- Bd. 6: **Ilko-Sascha Kowalczuk**: Die Niederschlagung der Opposition an der Veterinärmedizinischen Fakultät der Humboldt-Universität zu Berlin in der Krise 1956/57. Dokumentation einer Pressekonferenz des Ministeriums für Staatssicherheit im Mai 1957
- Bd. 7: **Jan Foitzik**: Der sowjetische Terrorapparat in Deutschland. Wirkung und Wirklichkeit / **Wolfgang Buschfort**: Die Ostbüros der Parteien in den 50er Jahren
- Bd. 8: **Siegfried Berger**: "Ich nehme das Urteil nicht an" - Ein Berliner Streikführer des 17. Juni vor dem Sowjetischen Militärtribunal
- Bd. 9: **Jenny Niederstadt**: „Erbitten Anweisung!“ - Die West-Berliner SEW und ihre Tageszeitung „Die Wahrheit“ auf SED-Kurs
- Bd. 10: **Siegfried Mampel**: Entführungsfall Dr. Walter Linse - Menschenraub und Justizmord als Mittel des Staatsterrors

- **Katalog der Wanderausstellung** "Überwachen, unterdrücken, spionieren. diesseits und jenseits der Mauer", Hrsg.: Berliner Landesbeauftragten für die Unterlagen des Staatssicherheitsdienstes der ehemaligen DDR (1998)
- **Erster bis Vierter Tätigkeitsbericht** des Berliner Landesbeauftragten, 1993/94; 1995; 1996; 1997